GARDIEN DE LA PAIX

NOUVELLE ÉDITION REVUE ET AUGMENTÉE

Marc DALENS

Ouvrage dirigé par Laurence Brunel

PRÉFACE

La carrière de gardien de la paix est l'une des plus stimulantes qui puisse être : au service de la collectivité, vous pourrez exercer des métiers très variés. Un même policier peut successivement travailler dans l'investigation criminelle, le contre-espionnage ou bien en tant que motard. Rares sont les professions qui permettent un aussi large choix.

Un des autres attraits du métier de policier est la possibilité d'évolution interne. Grâce à des examens professionnels, vous pourrez devenir officier de police judiciaire et disposer de larges prérogatives juridiques lors de vos enquêtes, ou bien encore devenir brigadier de police et assurer des fonctions d'encadrement. De même, des concours internes vous permettront, en cas de réussite, de devenir lieutenant ou commissaire de police.

Pour autant, le concours de gardien de la paix est exigeant et sélectif. Il est donc nécessaire de bien vous renseigner et de vous préparer sérieusement. C'est l'objet de ce manuel. Vous y trouverez des conseils et des annales récentes corrigées afin de vous former dans les meilleures conditions. Cet ouvrage vous préparera à la fois aux épreuves des concours externe et interne de gardien de la paix.

Dans la première partie de ce manuel, nous vous présenterons de manière détaillée les métiers et le concours de gardien de la paix. Une bonne connaissance de votre environnement professionnel est indispensable à la réussite du concours, notamment dans la perspective de l'épreuve orale avec le jury.
Ce manuel est à jour de la dernière réforme du concours qui a introduit l'épreuve de cas pratiques.

Les épreuves d'admission du concours de gardien de la paix seront présentées dans une quatrième partie.
L'épreuve d'entretien avec le jury est redoutée par certains candidats. Aussi bien pour le concours externe de gardien de la paix que pour le concours interne, nous vous indiquerons comment vous former en vue de cette épreuve.

Des fiches sur les institutions françaises compléteront utilement vos connaissances personnelles. Enfin, des annales récentes corrigées vous permettront de vous exercer dans les conditions du concours.

Nous terminerons par quelques recommandations aux candidats :

- soyez régulier dans votre travail et fixez-vous des objectifs de préparation compatibles avec vos obligations ;
- entraînez-vous à toutes les épreuves, sans en négliger une seule ;
- tenez-vous informé de l'actualité ;
- dans le cadre de votre entraînement, nous vous recommandons d'utiliser le manuel *Annales corrigées - Gardien de la paix* et le manuel *Sujets types inédits - Gardien de la paix*, publiés aux éditions Studyrama. Vous y trouverez de nombreuses annales et des exercices corrigés afin de vous préparer au mieux à toutes les épreuves du nouveau concours.

Bon courage dans votre travail et bonne chance à tous !

PRÉSENTATION DE LA POLICE NATIONALE

PARTIE I

Dans cette partie, nous vous présenterons la police nationale et ses différents métiers.
Nous développerons tout particulièrement le statut du gardien de la paix, ses missions, ses pouvoirs et son recrutement.
Tous ces éléments vous seront très utiles, notamment dans la perspective de l'épreuve d'entretien avec le jury pour le concours externe et de nombre d'épreuves du concours interne.

1 | L'ORGANISATION DE LA POLICE NATIONALE

Aux côtés de la gendarmerie nationale et de la police municipale, la police nationale est la troisième composante des forces de sécurité intérieure (autrement qualifiées de « force publique »).

■ HISTOIRE ET FONDEMENTS

C'est dans la Déclaration des droits de l'homme de 1789 que l'on peut trouver les principaux fondements de l'existence de la force publique. Dès son deuxième article, cette déclaration affirme que « *le but de toute association politique est la conservation des droits naturels et imprescriptibles de l'homme. Ces droits sont la liberté, la propriété, la sûreté, et la résistance à l'oppression* ». L'article 12 institue véritablement la force publique en précisant que « *la garantie des droits de l'homme et du citoyen nécessite une force publique instituée pour l'avantage de tous et non pour l'utilité particulière de ceux auxquels elle est confiée* ».
Il convient de préciser que la Déclaration des droits de l'homme de 1789 a une valeur constitutionnelle, ce qui implique que sa force juridique est très importante et qu'aucun texte de loi ne saurait aller à son encontre.
Bien que l'institution de la force publique ait été pleinement reconnue par la Déclaration des droits de l'homme de 1789, il est évident que la force publique existait bien auparavant en tant que telle. Le terme même de « police » a une origine très ancienne. Il est issu du latin « *politia* ». Ce mot latin dérive du grec « *politeia* », qui désigne l'art de gouverner la cité. Tout au long des siècles, le terme de « police » est passé du sens de la gestion d'une cité à son sens actuel d'organes et d'institutions chargés d'assurer le maintien de l'ordre public.
Dans l'histoire de France, après la chute de l'Empire romain, le pouvoir est détenu par de multiples seigneurs féodaux. Sur leurs terres, ceux-ci exercent le pouvoir de justice. Au Moyen Âge, les monarques capétiens ont progressivement construit l'État français en centralisant et en s'appropriant les prérogatives des seigneurs féodaux. Dans le même temps, le développement des villes conduit à l'émergence d'une forme de criminalité urbaine. Par la suite, la maréchaussée est chargée par le roi François Ier en 1536 de lutter contre les « crimes de grand chemin ».
L'augmentation de la délinquance à Paris a conduit Louis XIV à créer en 1667 la lieutenance de police. Nicolas de la Reynie est le premier lieutenant de police à exercer ces fonctions : il lui appartient de faire régner l'ordre public dans la capitale du royaume.
La sanglante période de la Révolution française conduit à la multiplication de lois d'exception. Le Comité de salut public mène une chasse aux suspects, qui sont arbitrairement détenus et exécutés. Sous Napoléon, le pouvoir impérial mettra un terme aux excès de la Terreur. Grâce à Fouché, la sécurité publique est rationnellement organisée (dans toutes les villes de plus de 5 000 habitants, un commissaire de police est nommé par le gouvernement et placé sous

l'autorité du préfet ou du sous-préfet, tandis que dans les villes de moindre importance et les campagnes les pouvoirs de police sont exercés par les gendarmes et les gardes champêtres). À l'aide de ce maillage territorial et d'un abondant réseau d'informateurs, des résultats très probants sont obtenus.

Sous la Restauration, en 1829, les sergents de Paris sont institués. Portant tricorne et épée, ils sont chargés de veiller à la paix publique dans les rues de la capitale. Les sergents de Paris deviennent la première force de police en uniforme du monde.

Lors des débuts de la IIIe République, en 1870, les sergents de ville changent de nom : ils deviennent des gardiens de la paix publique. Leur uniforme est modifié : ils porteront désormais un képi. En 1871, Jules Ferry met à disposition de la préfecture de police de Paris la caserne de la Cité. Celle-ci est encore actuellement le siège de la préfecture de police. Cette caserne ayant été construite sur l'emplacement de l'ancien marché aux volailles de Paris, le sobriquet de « poulet » est alors attribué aux policiers.

Durant la IIIe République, l'organisation des services de sécurité publique évoluera assez peu. En revanche, la police technique fera des progrès considérables. Alphonse Bertillon devient en 1893 le chef du service de l'identité judiciaire de la préfecture de police. Son service utilise l'anthropométrie (technique mesurant les particularités dimensionnelles d'un individu), la photographie et la dactyloscopie (observation des empreintes digitales). Par la suite, ces techniques ont été copiées et utilisées dans le monde entier.

Cette modernisation de la police s'accompagne d'efforts de formation (création en 1883 à Paris de la première école de police du monde) et d'adaptation à de nouvelles formes de criminalité (douze brigades mobiles - les fameuses Brigades du Tigre - ont été mises en place en 1907 à l'instigation de Clemenceau).

La plus grande réforme de la police nationale est l'œuvre du gouvernement de Vichy en 1941. Dans toutes les villes de plus de 10 000 habitants, la sécurité publique est assurée par la police nationale, tandis que Paris maintient le statut particulier de la préfecture de police. Un statut national de la fonction publique policière est institué. Les policiers sont recrutés par voie de concours, sauf dans des cas limités.

Les grandes grèves qui suivent la Libération suscitent la création des compagnies républicaines de sécurité (CRS). Les années 1970 voient l'arrivée des premières femmes dans la police nationale : 1972 pour le concours d'inspecteur de police, 1974 pour celui de commissaire de police et 1978 pour celui de gardien de la paix.

■ LES PERSONNELS DE LA POLICE NATIONALE

La police nationale compte environ 146 000 personnes. Il existe trois catégories de personnels :
- personnels actifs (commissaires, officiers, gradés et gardiens) : 119 000 personnes ;
- personnels administratifs : 17 000 personnes ;
- adjoints de sécurité (emplois-jeunes de la police nationale, ils sont recrutés pour un contrat de trois ans renouvelable une fois pour la même durée, ils sont porteurs d'une arme de service et d'une tenue d'uniforme) : 10 000 personnes. Le terme d'adjoint de sécurité pourrait prochainement changer pour celui d'adjoint de police.

Les personnels actifs de la police nationale sont composés de trois corps distincts :
- le corps de conception et de direction : ce corps regroupe les commissaires et les hauts fonctionnaires de la police nationale (environ 1 600 personnes). Ils ont un rôle de conception, d'impulsion et de management des différents services de police dont ils ont la responsabilité. Les commissaires sont recrutés par voie de concours ;
- le corps de commandement : ce corps est composé des 9 000 officiers de la police nationale. Ceux-ci assurent un commandement opérationnel des services et des fonctions d'expertise supérieure en matière de police. Ils ont vocation à exercer des fonctions de direction de certains services. Les officiers sont également recrutés par voie de concours au grade de lieutenant de police ;
- le corps d'encadrement et d'application : les 107 000 gardiens et gradés de la police nationale appartiennent à ce corps. Ils assurent des missions de terrain, de renseignement et d'investigation, en fonction des services auxquels ils appartiennent. Ils sont recrutés par voie de concours au grade de gardien de la paix. Les femmes représentent environ 15 % des effectifs du corps d'encadrement et d'application.

Il convient de préciser que, depuis 2008, la police nationale et la gendarmerie nationale sont toutes deux rattachées au ministère de l'Intérieur. Une intégration de plus en plus forte est mise en place entre la police nationale et la gendarmerie nationale.

LES DIFFÉRENTS GRADES DE LA POLICE NATIONALE

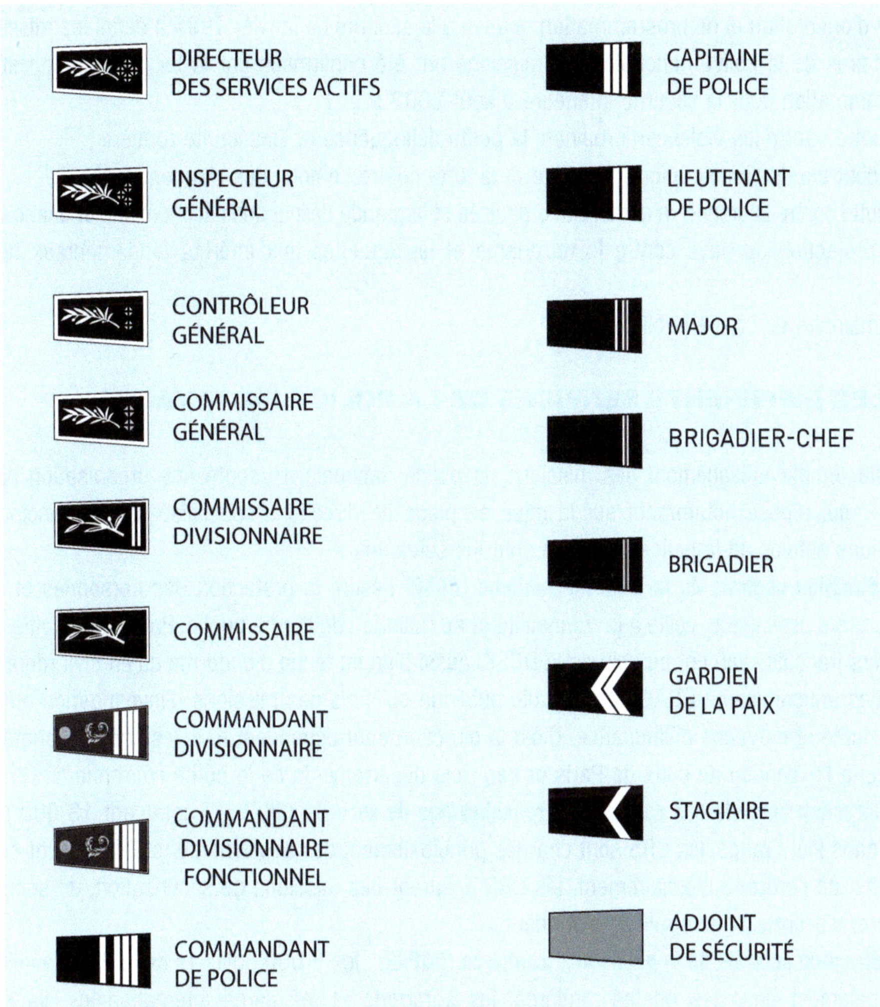

LES MISSIONS DE LA POLICE NATIONALE

La loi d'orientation et de programmation relative à la sécurité de janvier 1995 a défini les missions prioritaires de la police nationale. Ces missions ont été confirmées par la loi d'orientation et de programmation pour la sécurité intérieure d'août 2002 :

- la lutte contre les violences urbaines, la petite délinquance et l'insécurité routière ;
- le contrôle de l'immigration irrégulière et la lutte contre l'emploi des clandestins ;
- la lutte contre la drogue, la criminalité organisée et la grande délinquance économique et financière ;
- la protection du pays contre le terrorisme et les atteintes aux intérêts fondamentaux de la nation ;
- le maintien de l'ordre public.

LES DIFFÉRENTS SERVICES DE LA POLICE NATIONALE

Afin de remplir efficacement ses missions, la police nationale a adopté une organisation particulière, qui repose notamment sur la mise en place de directions spécialisées. Les principales directions actives de la police nationale sont les suivantes :

- **la direction centrale de la sécurité publique (DCSP)** assure la protection des personnes et des biens, prête assistance, veille à la tranquillité et au maintien de l'ordre public. Près de la moitié des policiers français exercent au sein de la DCSP, aussi bien en tenue d'uniforme qu'en civil (dont les brigades anticriminalité : BAC), sur la voie publique ou dans des missions d'investigation autour de la petite et moyenne délinquance. C'est la direction dont dépendent tous les commissariats de France, à l'exception de ceux de Paris et des trois départements de la petite couronne ;
- **la direction centrale des compagnies républicaines de sécurité (DCCRS)** : comptant 13 000 policiers dans leurs rangs, les CRS sont chargés principalement des missions de rétablissement et de maintien de l'ordre. Subsidiairement, les CRS assurent des missions de sécurisation, de sécurité routière, d'escorte et de services d'honneur ;
- **la direction centrale de la police aux frontières (DCPAF)** : les 8 000 policiers de la PAF travaillent principalement dans les postes-frontières, les aéroports et les gares internationales. Ils sont chargés du contrôle des flux migratoires, de la lutte contre l'immigration irrégulière et le travail clandestin, de la lutte contre les faux papiers, de la sûreté des moyens de transports et de la police aéronautique ;
- **la direction centrale de la police judiciaire (DCPJ)** : service spécialisé à vocation nationale, la DCPJ a pour missions essentielles la prévention et la répression des formes spécialisées, organisées ou transnationales de la délinquance et de la criminalité. Les services rattachés à la DCPJ s'organisent en groupes spécialisés en fonction de leur domaine d'investigation (stupéfiants, proxénétisme, courses et jeux, grand banditisme...) ;

- **La direction générale de la sécurité intérieure (DGSI) :** la DGSI est née de la fusion des renseignements généraux (RG) et de la direction de la surveillance du territoire (DST). Les policiers de la DGSI sont chargés de la lutte contre l'espionnage et les ingérences étrangères, de la lutte contre le terrorisme, de la protection du patrimoine et la sécurité économique, ainsi que de la surveillance des mouvements subversifs et des phénomènes de société précurseurs de menaces.
- **Le service de la protection (SDLP) :** les personnels du SDLP sont chargés de la sécurité générale du président de la République, de la protection rapprochée et de l'accompagnement de sécurité générale des hautes personnalités françaises et étrangères, ainsi que de la mise en œuvre des mesures nécessaires à l'organisation des déplacements officiels en France et à l'étranger.
- **la préfecture de police (PP)** : placés sous l'autorité du préfet de police, les 30 000 policiers de la préfecture de police sont chargés de l'ordre public à Paris et dans les trois départements de la petite couronne (Hauts-de-Seine, Seine-Saint-Denis et Val-de-Marne). La préfecture de police dispose de ses propres services d'enquêtes et de renseignement.

2| LE MÉTIER DE GARDIEN DE LA PAIX

Le grade de gardien de la paix est le grade de recrutement du corps de maîtrise et d'encadrement de la police nationale. Ce corps représente près de 90 % des effectifs actifs de la police nationale.

■ LE STATUT DE GARDIEN DE LA PAIX

Le gardien de la paix appartient à la fonction publique d'État. Il est fonctionnaire, rattaché à la catégorie B (en raison de l'exigence du baccalauréat pour se présenter au concours externe). Les effectifs de la police nationale sont placés sous l'autorité du ministre de l'Intérieur.

Les gardiens de la paix peuvent travailler en complémentarité avec les services de la police municipale ou de la gendarmerie nationale. La loi sur la sécurité intérieure de 2003 associe les trois composantes des forces de l'ordre. Sur le plan local, les contrats locaux de sécurité (CLS) organisent une sorte de protocole de répartition des compétences entre tous les acteurs de la sécurité et un certain nombre de partenaires extérieurs (Éducation nationale, bailleurs sociaux...).

La police nationale est dotée d'un code de déontologie (dont vous trouverez la reproduction intégrale en annexe : nous vous invitons fortement à le lire), ainsi que d'une carte professionnelle spécifique.

Les gardiens de la paix peuvent être amenés à travailler le jour ou la nuit, en semaine ou le week-end, en régime hebdomadaire ou cyclique, en fonction de leur unité d'affectation et des besoins de leur service. Il faut donc avoir conscience que vous pouvez très certainement être amené à exercer votre activité professionnelle selon des horaires atypiques, ce qui peut pénaliser votre vie familiale et vos loisirs.

■ LES MISSIONS DU GARDIEN DE LA PAIX

Il est impossible d'établir une typologie des missions du gardien de la paix tellement il existe de « métiers » différents au sein de la police nationale. L'un des principaux attraits de la carrière de policier réside d'ailleurs dans ce large éventail de missions différentes pouvant être exercées dans une même carrière.

Pour simplifier, on peut distinguer un certain nombre de filières professionnelles :

• la voie publique : en tenue d'uniforme, vous assurez des missions de service général (appels « police secours » sur le 17, contrôles routiers, sécurisation...) ou bien en tenue civile (cas de certaines brigades anti-criminalité : BAC), vous luttez spécifiquement contre la délinquance de rue ;

• l'investigation : vous enquêtez et établissez des procédures judiciaires à l'encontre de la petite, moyenne et grande délinquance. En fonction du service, vous appartenez à un groupe d'enquête généraliste ou bien spécialisé (stupéfiants, vols à main armée...) ;

• le renseignement : au sein de la direction centrale du renseignement intérieur (DCRI), vous effectuez un travail de recherche et d'information à propos des menaces pesant sur la France (islam radical, espionnage industriel, terrorisme...) ;
• le maintien de l'ordre : lors de manifestations ou de violences urbaines, les policiers affectés dans les CRS sont amenés à maintenir ou à rétablir l'ordre.

De même, il existe dans la police nationale un certain nombre de spécialités, dont nous fournissons une liste non exhaustive :

• motard ;
• maître-chien ;
• informaticien ;
• tireur haute précision ;
• agent de protection rapprochée (rattaché au service de protection des hautes personnalités, le SPHP) ;
• chargé du relevé des traces et indices ;
• opérateur radio ;
• formateur antidrogue ;
• linguiste (dans les services de renseignements) ;
• démineur ;
• secouriste en montagne (rattaché aux CRS) ;
• armurier ;
• membre d'un groupe d'intervention du RAID (recherche, assistance, intervention, dissuasion) ou d'un GIPN (groupe d'intervention de la police nationale) ;
• plongeur ;
• moniteur en activités physiques et professionnelles (self-défense, tir...) ;
• garde d'ambassade à l'étranger.

SES COMPÉTENCES JURIDIQUES

Pendant leurs 16 mois en tant que stagiaires, les gardiens de la paix se voient reconnaître la qualité d'agent de police judiciaire adjoint (APJA, qualité prévue par l'article 21 du code de procédure pénale). Cette qualité d'agent de police judiciaire adjoint leur permet notamment de pouvoir effectuer des recueils d'identité (et non pas des contrôles ou des vérifications d'identité) lorsqu'ils établissent les procès-verbaux des contraventions qu'ils sont habilités à verbaliser. Les gardiens de la paix stagiaires peuvent alors demander au contrevenant de leur présenter un document officiel établissant son identité, dont ils relèvent les mentions afin d'établir le procès-verbal.
Une fois titulaires, les gardiens de la paix deviennent agent de police judiciaire (APJ, qualité reconnue par l'article 20 du code de procédure pénale). En étant APJ, les gardiens de la paix disposent

d'un certain nombre de prérogatives judiciaires : ils peuvent procéder à un contrôle d'identité, rédiger un certain nombre d'actes au cours de procédures judiciaires (procès-verbaux de plainte, d'audition, de confrontation, d'interpellation...) et constater des infractions. Les APJ sont placés sous l'autorité et la responsabilité d'un officier de police judiciaire.

Passé un délai de deux ans après titularisation, les gardiens de la paix peuvent demander à présenter l'examen d'officier de police judiciaire. La police nationale assure la formation des candidats à l'examen. La réussite d'un gardien de la paix à l'examen d'officier judiciaire entraîne également sa nomination au grade de brigadier de police. La qualité d'officier de police judiciaire (OPJ, qualité prévue par l'article 16 du code de procédure pénale) est subordonnée à une habilitation personnelle du procureur général près de la cour d'appel. Elle permet notamment à son titulaire de bénéficier de prérogatives spécifiques :

- placer en garde à vue ;
- pratiquer une perquisition ;
- procéder à une fouille à corps ;
- recevoir des commissions rogatoires de la part de juges d'instruction ;
- effectuer des réquisitions à personne qualifiée.

Enfin, nous rappelons que pour interpeller l'auteur d'un crime ou délit flagrant, aucune qualité judiciaire n'est exigée, à charge de remettre l'individu dans les plus brefs délais à un officier de police judiciaire territorialement compétent.

LE RECRUTEMENT ET LA FORMATION

Les gardiens de la paix sont tous recrutés par voie de concours. Il existe plusieurs types de concours : nationaux et déconcentrés, concours externe et second concours. Les particularités de chaque concours et le détail des épreuves vous seront expliqués dans la partie relative au concours de gardien de la paix.

Une fois les résultats du concours connus, vous serez incorporé dans une école de police. Il faut être conscient qu'il est possible que le délai d'attente avant incorporation soit long. En fonction du nombre de candidats réussissant le concours, il arrive d'attendre plus d'une année avant d'entrer dans une école de police.

La nomination en qualité d'élève gardien de la paix est subordonnée à la signature d'un engagement de rester au service de l'État pendant une durée de quatre ans à compter de la titularisation. L'élève ou l'ancien élève gardien de la paix qui met fin à sa scolarité plus de trois mois après son incorporation ou qui, par la suite, rompt son engagement doit reverser au Trésor public une somme forfaitaire fixée par arrêté ministériel.

La scolarité d'élève gardien de la paix dure huit mois. Elle alterne séquences en école et stages au sein de commissariats. La formation en école est pluridisciplinaire : techniques professionnelles

(self-défense, tir, gestes professionnels d'intervention, secourisme...), informatique, formation juridique (procédure pénale, institutions publiques, police administrative...) et mises en situation professionnelle (intervention sur les lieux d'un accident, contrôle d'un débit de boissons, effectuer une patrouille...).
Tout au long de leur scolarité, les élèves gardiens de la paix sont évalués. Leurs notes détermineront leur rang de classement en sortie d'école. En fonction de leur classement, les gardiens de la paix choisiront leur poste en sortie d'école. Selon leur affectation, un mois avant la sortie d'école, les élèves gardiens de la paix suivent un stage de trois semaines de spécialisation dans les domaines de la sécurité publique, de la police judiciaire, du renseignement, des compagnies républicaines de sécurité (CRS) ou de la police aux frontières (PAF).

LE DÉROULEMENT DE CARRIÈRE

Il faut être conscient que la très grande majorité des postes offerts en sortie d'école se trouvent en région parisienne. Vous devez donc être prêt à quitter votre région d'origine pour un nombre indéterminé d'années. Les gardiens de la paix affectés en sortie d'école doivent attendre cinq ans pour pouvoir demander une mutation en province. Ce délai est porté à huit ans pour les gardiens de la paix ayant réussi le concours national à affectation régionale Île-de-France de gardien de la paix.
Après la sortie d'école, les élèves gardiens de la paix sont nommés gardiens de la paix stagiaires. La durée de stage est de seize mois. La titularisation est subordonnée à l'avis de la hiérarchie et au fait d'être titulaire du permis de conduire des véhicules automobiles (catégorie B). La durée du stage peut être prolongée pour une durée de trois mois à un an. À l'issue du stage, les gardiens de la paix reconnus aptes sont titularisés et placés au premier échelon de leur grade. Les autres stagiaires sont soit licenciés, soit, le cas échéant, reversés dans leur corps d'origine.
Concernant l'avancement au grade de brigadier de police, les gardiens de la paix qui comptent, au 1er janvier de l'année pour laquelle le tableau d'avancement a été arrêté, quatre ans de services effectifs depuis leur titularisation dans ce grade, et qui, soit ont reçu par arrêté interministériel la qualité d'officier de police judiciaire, soit ont satisfait aux obligations d'un examen professionnel, seront nommés au grade de brigadier de police. Il existe, de manière limitée, une voie d'accès à l'ancienneté au grade de brigadier de police. Les fonctionnaires promus au grade de brigadier de police demeurent affectés, pendant une durée minimale de trois ans, dans la région et, en Île-de-France, dans la zone de compétence de commission administrative paritaire où ils sont nommés lors de leur promotion.
Le passage au grade de brigadier-chef se fait principalement sous la forme d'un examen professionnel pour les brigadiers ayant au moins cinq ans d'ancienneté dans leur grade, tout en gardant un certain nombre de places de brigadier-chef pour les brigadiers les plus anciens. Les fonctionnaires promus au grade de brigadier-chef de police demeurent affectés, pendant une durée

minimale de deux ans, dans la région et, en Île-de-France, dans la zone de compétence de commission administrative paritaire où ils sont nommés lors de leur promotion.

L'accès au grade de brigadier-major est subordonné à un examen professionnel des capacités professionnelles pour les brigadiers-chefs comptant au moins quatre ans d'ancienneté dans leur grade et dix-sept ans de service dans la police nationale après titularisation. Une voie d'accès restreinte à ce grade est réservée aux brigadiers-chefs les plus anciens.

D'autre part, après quatre années de titularisation, les gardiens de la paix peuvent se présenter aux concours internes de la fonction publique, en particulier ceux d'officier de police (lieutenant de police) et de commissaire de police. Sans condition préalable de diplôme, les concours internes de la fonction publique sont d'un abord plus aisé que les concours externes et permettent de favoriser la progression sociale des fonctionnaires.

Les brigadiers, brigadiers-chefs et brigadiers-majors, âgés au plus de quarante ans et ayant quatre ans de services effectifs dans le grade de brigadier, peuvent être admis dans le corps des officiers de police à l'issue d'une sélection professionnelle (procédure dite de la voie d'accès professionnelle : VAP).

Pour l'accès au corps des officiers de police, il existe également une filière plus restreinte pour les brigadiers-majors âgés d'au moins trente-huit ans et de cinquante ans au plus et s'ils justifient de vingt ans de services effectifs dans leur corps d'appartenance, dont deux ans au moins en qualité de brigadier-major de police. Il s'agit du recrutement au choix. Comme pour les gradés bénéficiant de la VAP, les brigadiers-majors recrutés au choix doivent suivre la scolarité de l'École nationale supérieure des officiers de police de Cannes-Écluse (77).

Enfin, plus généralement, une grande partie de la carrière d'un policier (avancement, mutation, discipline) dépendra de l'avis de la commission administrative paritaire (CAP) dont le fonctionnement vous sera expliqué dans la partie de ce manuel relative au statut de fonctionnaire.

LA RÉMUNÉRATION

Le traitement mensuel net d'un élève gardien de la paix est de 1 400 euros environ.

Le traitement mensuel net d'un gardien de la paix au premier échelon est de 1 800 euros environ.

Le traitement mensuel net d'un gardien de la paix au onzième échelon est de 2 400 euros environ.

Le grade sommital du corps de maîtrise et d'application est celui de brigadier-major RULP (responsable d'unité locale de police) : le traitement net mensuel est de 3 000 euros environ.

En plus de leur traitement, les policiers peuvent percevoir certaines primes spécifiques (travail de nuit, fidélisation en secteur difficile...) et un éventuel supplément familial de traitement.

À l'heure actuelle, la limite d'âge est de cinquante-cinq ans, mais il est possible de solliciter la prolongation de son activité professionnelle. De plus, pendant un délai de cinq ans à compter de leur mise en retraite, les policiers retraités ont l'obligation de participer à la réserve civile et peuvent être rappelés en service si les événements l'exigent.

L'UNIFORME ET L'ÉQUIPEMENT

Les policiers sont normalement astreints au port d'une tenue d'uniforme. Il existe une multitude de tenues de police différentes : tenue de service général, tenue de cérémonie, tenue camouflée « urbaine » pour les policiers des GIPN, tenue de maintien de l'ordre (MO) pour les CRS, tenue VTT, tenue de motard, combinaison NBC (nucléaire biologique chimique)...
Les policiers effectuant des missions de renseignement et d'investigation travaillent en tenue civile.
Tous les policiers sont dotés d'un gilet pare-balles et de menottes. Il existe un équipement collectif de protection : gilet pare-balles « lourd », boucliers et casques balistiques. De même, un équipement spécifique au maintien de l'ordre est en dotation : casques et boucliers, moyens lacrymogènes (bombes, grenades...), lance-grenades...
Enfin, les policiers sont équipés d'un bâton de défense : bâton de police à poignée latérale (tonfa), bâton télescopique de défense (souvent utilisé par les effectifs travaillant en civil) ou bâton de défense souple (matraque en caoutchouc). Le port du tonfa et du bâton télescopique de défense est soumis à habilitation.
D'autre part, la police nationale dispose d'un important parc de véhicules : plus de 30 000. La répartition est approximativement la suivante : 7 000 deux-roues, 17 000 véhicules légers (4 000 véhicules sérigraphiés, 13 000 véhicules banalisés ou d'origine), 4 000 véhicules utilitaires et plus de 2 000 véhicules de maintien de l'ordre.

L'ARMEMENT

L'arme de dotation des policiers est, comme les gendarmes et les douaniers, le pistolet semi-automatique Sig Sauer SP2022. Il est approvisionné à quinze cartouches de 9 mm et les policiers disposent d'un chargeur supplémentaire de quinze cartouches.
Les différents services de police disposent en dotation collective d'un certain nombre d'autres armes : pistolets-mitrailleurs et fusils à pompe, pour l'essentiel. De plus en plus, les services de police se dotent d'armes non létales (c'est-à-dire ne pouvant pas tuer) : *flash-ball*, pistolet à impulsion électrique (« Taser »), lanceur de balles de défense... Ces armes collectives ne sont fournies qu'à des policiers spécifiquement habilités. Pour faire face à la menace terroriste, l'armement collectif des policiers a été renforcé par des fusils-mitrailleurs HK G36, des boucliers balistiques et des casques blindés.

Bien entendu, l'usage de l'arme par les policiers est soumis à un cadre légal tout à fait strict :

• la légitime défense (article 122-5 du code pénal : « *N'est pas pénalement responsable la personne qui, devant une atteinte injustifiée envers elle-même ou autrui, accomplit, dans le même temps, un acte commandé par la nécessité de la légitime défense d'elle-même ou d'autrui, sauf s'il y a disproportion entre les moyens de défense employés et la gravité de l'atteinte. N'est pas pénalement responsable la personne qui, pour interrompre l'exécution d'un crime ou d'un délit contre un bien, accomplit un acte de défense, autre qu'un homicide volontaire, lorsque cet acte est strictement nécessaire au but poursuivi dès lors que les moyens employés sont proportionnés à la gravité de l'infraction.* ») ;

• subsidiairement, dans le cadre de l'état de nécessité (article 122-7 du code pénal : « *N'est pas pénalement responsable la personne qui, face à un danger actuel ou imminent qui menace elle-même, autrui ou un bien, accomplit un acte nécessaire à la sauvegarde de la personne ou du bien, sauf s'il y a disproportion entre les moyens employés et la gravité de la menace.* ») ;

• ou bien encore en cas de crime ou délit flagrant pour en appréhender le ou les auteurs (article 73 du code de procédure pénale : « *Dans les cas de crime flagrant ou de délit flagrant puni d'une peine d'emprisonnement, toute personne a qualité pour en appréhender l'auteur et le conduire devant l'officier de police judiciaire le plus proche* »), mais sous certaines conditions (toujours strictement nécessaire et proportionné, l'usage ne pourra en être fait qu'à l'encontre des personnes violentes et dangereuses).

Pour répondre aux impératifs opérationnels des policiers et gendarmes, l'article L. 435-1 du code de la sécurité intérieure crée un cadre spécifique pour l'usage des armes par les forces de sécurité intérieure en prévoyant 5 cas d'usage des armes. Dès lors qu'ils portent des insignes extérieurs ou apparents de leur qualité, les policiers, ADS et réservistes de la police nationale autorisés à être armés peuvent faire usage de leurs armes en cas d'absolue nécessité, de manière strictement proportionnée et avec la gradation adaptée (arme de force intermédiaire, arme collective, arme à feu) dans les 5 cas suivants :

• Se défendre et défendre autrui en cas d'agression ou de menace armée

Alinéa 1° - Lorsque des atteintes à la vie ou à l'intégrité physique sont portées contre eux ou contre autrui ou lorsque des personnes armées menacent leur vie ou leur intégrité physique ou celles d'autrui.

• Défendre les lieux et des personnes placées sous la garde des policiers

Alinéa 2° - Lorsque, après deux sommations faites à haute voix, ils ne peuvent défendre autrement les lieux qu'ils occupent ou les personnes qui leur sont confiées.

- Contraindre à l'arrêt un fuyard dangereux

Alinéa 3° - Lorsque, immédiatement après deux sommations adressées à haute voix, ils ne peuvent contraindre à s'arrêter autrement que par l'usage des armes des personnes qui cherchent à échapper à leur garde ou à leurs investigations et qui sont susceptibles de perpétrer, dans leur fuite, des atteintes à leur vie ou leur intégrité physique ou à celles d'autrui.

- Immobiliser un véhicule refusant d'obtempérer et dangereux

Alinéa 4° - Lorsqu'ils ne peuvent immobiliser, autrement que par l'usage des armes, des véhicules, embarcations ou autres moyens de transport, dont les conducteurs n'obtempèrent pas à l'ordre d'arrêt et dont les occupants sont susceptibles de perpétrer, dans leur fuite, des atteintes à leur vie ou à leur intégrité physique ou à celles d'autrui.

- Stopper un périple meurtrier

Alinéa 5° - Dans le but exclusif d'empêcher la réitération, dans un temps rapproché, d'un ou de plusieurs meurtres ou tentatives de meurtre venant de se commettre. Cet alinéa reprend les dispositions de l'article 122-4-1 du code pénal introduit par la loi du 3 juin 2016 renforçant la lutte contre le crime organisé, le terrorisme et leur financement et améliorant l'efficacité et les garanties de la procédure pénale. L'objectif est de mettre fin à l'acte criminel le plus rapidement possible et de limiter le nombre de victimes.

Enfin, la dotation d'une arme à feu aux policiers implique un entraînement régulier et obligatoire au tir (au moins trois séances annuelles de tir, représentant un total de soixante cartouches).

3 | LES PARTENAIRES INSTITUTIONNELS DE LA POLICE NATIONALE

LA GENDARMERIE NATIONALE

La gendarmerie nationale compte actuellement 101 000 personnes dans ses rangs. Elle comprend principalement trois entités : la gendarmerie départementale, la gendarmerie mobile et des services spécialisés. Depuis 2008, la gendarmerie est, comme la police nationale, rattachée au ministère de l'Intérieur.

La gendarmerie départementale

Dans les campagnes et les zones périurbaines, la gendarmerie départementale est composée principalement de brigades territoriales situées dans les différents chefs-lieux de canton. Près des deux tiers des gendarmes sont affectés au sein des 3 600 brigades de la gendarmerie départementale.

Les brigades de gendarmerie départementale sont amenées à mutualiser leurs moyens humains et matériels au sein de communautés de brigades.

Au contact de la population, ces brigades assurent la sécurité des habitants des différentes communes, la prise des plaintes, les principales enquêtes administratives et judiciaires, ainsi que des missions de sécurité routière. Les policiers municipaux et les gardes champêtres auront des contacts professionnels privilégiés avec les gendarmes départementaux.

La gendarmerie départementale comprend également des unités spécialisées :
- les unités de recherches, qui se consacrent exclusivement à la police judiciaire ;
- les pelotons de surveillance et d'intervention de la gendarmerie (PSIG), qui sont chargés d'assister les brigades territoriales ;
- les brigades de prévention de la délinquance juvénile ;
- les unités de police de la route ;
- les sections aériennes ;
- les unités de montagne.

La gendarmerie mobile

Tout comme les CRS, les gendarmes mobiles assurent le maintien et le rétablissement de l'ordre lors des manifestations, événements sportifs et violences urbaines. Ils peuvent, en outre, être chargés ponctuellement de la sécurisation de quartiers sensibles, où ils sont éventuellement amenés à côtoyer des policiers municipaux.

La gendarmerie mobile comprend près de 13 000 officiers et sous-officiers.

Dans la répartition des missions, le maintien de l'ordre occupe 15 % de leur emploi, contre 85 % pour la sécurisation.

Les services spécialisés de la gendarmerie nationale

Parmi les services spécialisés de la gendarmerie nationale, les plus importants sont la garde républicaine (ses 3 300 gendarmes assurent des missions de sécurité et d'honneur dans les palais nationaux et ministères, ainsi que lors de cérémonies) et le groupe d'intervention de la gendarmerie nationale (le célèbre GIGN, qui intervient dans des conditions très difficiles, comme les prises d'otages).

Il existe également une gendarmerie de l'air, une gendarmerie maritime, une gendarmerie de l'armement et une gendarmerie des transports aériens.

Sur le plan de la police scientifique, la gendarmerie nationale dispose de son propre service : l'institut de recherche criminelle de la gendarmerie nationale (IRCGN).

LA POLICE MUNICIPALE

Placés sous l'autorité directe d'un maire, les policiers municipaux ont pour rôle de veiller au respect du bon ordre, de la sûreté, de la sécurité et de la salubrité publiques (article L. 2212-5 du code général des collectivités territoriales).

Le maire, qui a la qualité d'officier de police judiciaire, dispose d'importants pouvoirs de police administrative. Ses prérogatives sont également appelées « pouvoir de police du maire ». Le maire peut, dans sa commune, prendre des arrêtés municipaux afin de faire respecter la tranquillité publique. La police municipale est alors notamment chargée de faire respecter ces arrêtés du maire.

La France compte actuellement environ 23 000 policiers municipaux. Plus de la moitié d'entre eux exercent leurs missions dans des communes de plus de 20 000 habitants. Au total, près de 4 000 communes emploient des policiers municipaux.

Les policiers municipaux ne représentent qu'environ 7 % du total des forces de sécurité intérieures françaises (police nationale, gendarmerie nationale et police municipale), mais leurs effectifs sont en croissance continue.

LES DOUANES

Les douanes sont une administration fiscale dépendant du ministère du Budget. Elle est chargée de la perception des droits et taxes dus à l'entrée des marchandises sur le territoire national, de la protection des consommateurs, de la lutte contre les trafics illicites, du contrôle des personnes aux frontières et du contrôle des contributions indirectes (taxes sur les produits pétroliers, les alcools, le tabac et la fiscalité écologique...).

Les 17 000 douaniers français interviennent aussi, en collaboration avec d'autres services, dans des domaines aussi variés que la lutte contre les contrefaçons, la protection du patrimoine culturel ou la défense de l'environnement.

LES SAPEURS-POMPIERS

Les missions des sapeurs-pompiers sont définies dans l'article 2 de la loi du 3 mai 1996 relative aux services d'incendie et de secours : ils « sont chargés de la prévention, de la protection et de la lutte contre les incendies. Ils concourent avec les autres services professionnels concernés à la protection et à la lutte contre les autres accidents, sinistres et catastrophes, à l'évaluation et à la prévention des risques technologiques ou naturels ainsi qu'aux secours d'urgence ».

Si la lutte contre les incendies est la mission emblématique des sapeurs-pompiers, il ne faut pas oublier que la grande majorité de leurs interventions concerne des secours à victime (accidents de la route, malaises, accidents domestiques...).

Sur le plan de leur organisation, les pompiers volontaires représentent 200 000 personnes sur un nombre total de 250 000 pompiers en France. Les 50 000 autres pompiers sont des sapeurs-pompiers professionnels et des pompiers militaires.

D'autre part, en France, les opérations de secours peuvent également être menées par le SAMU. Les policiers municipaux et les gardes champêtres peuvent s'associer à ces opérations de secours, notamment en assurant un périmètre de sécurité autour du lieu d'intervention.

4| LE STATUT DE FONCTIONNAIRE ET LE SERVICE PUBLIC

Les gardiens de la paix sont fonctionnaires. Ils appartiennent à la fonction publique d'État, en catégorie B (eu égard au niveau de recrutement du baccalauréat pour le concours externe). Ils sont sous l'autorité du ministre de l'Intérieur. Cependant, bien que fonctionnaires, les policiers sont soumis à un statut particulier et dérogatoire.

La fonction publique est le premier employeur de France : 5,6 millions de personnes y travaillent, soit un emploi sur cinq. Elle est divisée en trois entités distinctes :

- la fonction publique d'État : elle représente près de 50 % de l'effectif total de la fonction publique ;
- la fonction publique hospitalière : elle emploie environ 20 % des fonctionnaires français ;
- la fonction publique territoriale : environ le tiers des fonctionnaires appartiennent à la fonction publique territoriale.

LES DROITS ET LES OBLIGATIONS DES FONCTIONNAIRES DE POLICE

Les principaux droits des fonctionnaires de police sont les suivants :

- liberté de conscience et d'opinion ;
- droit à la communication du dossier personnel ;
- droit syndical (contrairement aux gendarmes) ;
- droit à la formation professionnelle ;
- droit à la protection et à la santé (l'État doit assurer à ses agents des conditions de travail conformes aux règles d'hygiène et de sécurité) ;
- droit à la protection juridique de l'administration (par exemple, pour les policiers victimes d'outrage) ;
- droit à la rémunération ;
- droit aux congés.

Les fonctionnaires de police sont également soumis à plusieurs obligations :

- l'interdiction du cumul d'activités (un fonctionnaire ne peut exercer plusieurs emplois, sauf dans quelques exceptions très limitées) ;
- l'interdiction du droit de grève (contrairement aux policiers municipaux) ;
- l'obligation de réserve (le fonctionnaire ne doit en aucun cas exprimer ses opinions politiques, philosophiques ou religieuses au cours de son activité professionnelle et, dans une certaine mesure, également en dehors du service) ;

• l'obligation de discrétion professionnelle (ou de secret professionnel) ;
• le devoir d'obéissance hiérarchique (qui est complété par une obligation de « désobéissance » lorsque l'ordre reçu est manifestement illégal et est de nature à compromettre gravement un intérêt public).

LE RÉGIME DISCIPLINAIRE DE LA POLICE NATIONALE

En cas de non-respect de leurs obligations, les fonctionnaires de police peuvent faire l'objet de sanctions.
Les sanctions administratives sont classées en quatre groupes :
• premier groupe : l'avertissement, le blâme ;
• deuxième groupe : la radiation du tableau d'avancement, la baisse d'échelon, l'exclusion temporaire pour une durée maximale de quinze jours, le déplacement d'office ;
• troisième groupe : la rétrogradation, l'exclusion temporaire pour une durée de seize jours à deux ans ;
• quatrième groupe : la mise à la retraite d'office, la révocation.

L'autorité ayant pouvoir disciplinaire peut prononcer des sanctions du premier groupe. Celles des deuxième, troisième et quatrième groupes seront obligatoirement prononcées par le conseil de discipline.

Il existe trois garanties pour les fonctionnaires faisant l'objet d'une procédure disciplinaire :
• le principe du contradictoire : le fonctionnaire a droit à la communication de son dossier avant toute mesure disciplinaire, mais également toute mesure non disciplinaire prise à son encontre. Par ailleurs, le conseil de discipline doit être saisi avant tout prononcé d'une sanction relevant au moins du deuxième groupe ;
• la possibilité de faire appel de la sanction administrative devant la juridiction administrative ;
• la décision prononçant la sanction administrative doit être motivée.

Parmi les différentes sanctions administratives, le blâme et l'exclusion temporaire sont mentionnés au dossier individuel du fonctionnaire, mais pas l'avertissement. Ces sanctions sont effacées dans un délai de trois ans si aucune autre sanction n'est intervenue.

La juridiction prud'homale étant compétente pour les contrats de travail de droit privé, les litiges entre salariés et employeurs du secteur public seront examinés par la juridiction administrative. C'est donc celle-ci qui devra être saisie par le fonctionnaire contestant la sanction dont il aura fait l'objet.

D'autre part, et tout particulièrement dans le cas des policiers, il faut préciser ici que les fonctionnaires peuvent également être mis en cause sur le plan judiciaire. L'hypothèse est très rare, mais il faut tout de même l'envisager afin d'établir une présentation complète des sanctions pouvant être supportées par les fonctionnaires. Ainsi, les policiers détenant un certain nombre de prérogatives de puissance publique (pouvoir de dresser des contraventions, interpellations dans le cadre du flagrant délit...), il est possible que le contrevenant dépose plainte à leur encontre. Dans l'immense majorité des cas, ces plaintes ne donnent pas lieu à des poursuites judiciaires à l'encontre des fonctionnaires. En toute hypothèse, les fonctionnaires ne peuvent être condamnés que dans la mesure où leur comportement ne correspond pas à celui prévu par les lois et les règlements, et où il est réprimé par le code pénal (par exemple : violences illégitimes, propos discriminatoires...). Dans ce cas précis, les fonctionnaires condamnés pénalement seront ensuite également sanctionnés sur le plan disciplinaire.

Plus généralement, le contrôle de l'activité de la police nationale relève :

- de la hiérarchie de la police nationale ;
- de l'inspection générale de la police nationale (IGPN). L'IGPN peut procéder à des audits, ainsi qu'à des enquêtes administratives ou judiciaires à la demande de magistrats ;
- de l'institution judiciaire, qui contrôle les procédures judiciaires effectuées par la police nationale et poursuit les policiers auteurs d'infractions ;
- de la Commission nationale de la déontologie de la sécurité (CNDS) qui veille au respect de la déontologie par les forces de l'ordre ;
- de la Commission nationale informatique et liberté (CNIL) chargée du contrôle de la création et de l'utilisation des fichiers ;
- de la Commission nationale de contrôle des techniques de renseignement (CNCTR) qui vérifie notamment la régularité des écoutes téléphoniques ;
- plus rarement, de l'Inspection générale de l'administration (IGA) et de la Cour des comptes ;
- enfin, le Parlement peut contrôler l'action de la police nationale à l'occasion des questions écrites ou orales posées au gouvernement.

LE SERVICE PUBLIC

Il est possible de définir le service public comme une activité répondant à un intérêt général et devant être disponible à l'égard de tous. En l'absence de définition juridique précise, on peut considérer que c'est l'État lui-même qui reconnaît à telle ou telle activité le caractère de service public. Pour autant, il est possible que des missions de service public soient assurées par le secteur privé (par exemple : les soins médicaux peuvent être assurés par des médecins du secteur libéral, l'enseignement privé a également une mission de service public...).

Il faut d'ailleurs distinguer cette notion de service public de celle de secteur public. Le service public comprend, d'une part, les administratifs publics de l'État et des collectivités locales et, d'autre part, les entreprises dont au moins 51 % du capital social est détenu par l'État ou des administrations nationales, régionales ou locales.
La mission de sécurité intérieure appartenant aux fonctions de souveraineté de l'État (autrement appelées « domaine régalien »), il est certain que la police nationale assure un service public.

LES PRINCIPES DU SERVICE PUBLIC

Le service public obéit à un certain nombre de principes, que l'on peut expliciter ci-après.

Le principe de continuité

Pour des raisons de nécessité publique et d'égalité, un service public doit fonctionner de manière continue et régulière, sans autres interruptions que celles prévues par la réglementation en vigueur. Le principe de continuité du service public a une valeur constitutionnelle. Cependant, ce principe entre en contradiction avec le droit de grève, autre principe de valeur constitutionnelle. Cette situation soulève un certain nombre de débats autour de la mission en place d'un service minimum, notamment dans les écoles et les transports en commun.

Le principe d'égalité

Les usagers du service public doivent tous bénéficier des mêmes prestations. Seule une situation différente entre deux usagers permet de justifier d'un traitement différent. Au nom du principe d'égalité devant la loi découlant de la Déclaration universelle des droits de l'homme, aucune discrimination ne peut être mise en place aussi bien dans l'accès au service public que dans son usage.

Le principe de neutralité

Le service public doit être guidé selon l'intérêt général, sans être influencé par les intérêts privés. Plus largement, la neutralité rejoint la notion de laïcité de l'État. Ainsi, les agents du service public ne peuvent exprimer leurs opinions religieuses et politiques au cours de leur activité, ce qui rejoint leur devoir de réserve.

Le principe de mutabilité

Au nom de ce principe, le service public doit s'adapter aux évolutions de l'intérêt général, comme à celle des progrès techniques. Par conséquent, les usagers du service n'ont aucun droit acquis à son maintien, ni à sa modification dès lors que la nécessité du service n'existe plus. De la même façon, les personnels des services publics ne peuvent s'opposer au nom de droits acquis à la mutation du service.

Le principe de transparence

Tout citoyen a le droit de s'informer du bon fonctionnement des services publics et ceux-ci ont l'obligation de répondre aux demandes de leurs usagers.

5| LE CONCOURS DE GARDIEN DE LA PAIX

LES DIFFÉRENTS TYPES DE CONCOURS

Il existe deux types de concours de gardien de la paix : le concours externe et le second concours (également appelé concours interne, il est réservé aux adjoints de sécurité et aux cadets de la République option police nationale). Ces deux concours se subdivisent eux-mêmes en deux catégories : le concours national à affectation nationale et le concours national à affectation régionale Île-de-France.

Le choix du concours, national à affectation nationale ou national à affectation régionale Île-de-France, se fait préalablement à l'inscription au concours. Ce choix est définitif et irréversible : le candidat ne peut revenir sur sa décision une fois le dossier d'inscription validé.

La différence entre les concours nationaux à affectation nationale et à affectation régionale se situe sur le plan de la durée de fidélisation dans le premier poste et dans sa localisation. En cas de réussite au concours national à affectation nationale, le gardien de la paix devra attendre cinq ans dans son premier poste avant de pouvoir solliciter une mutation dans une autre région. En pratique, les premiers postes de gardien de la paix en sortie d'école seront très majoritairement en Île-de-France. Dans le cas du concours à affectation régionale, tous les postes en sortie d'école se situeront en Île-de-France et le délai avant de pouvoir solliciter une mutation en province est porté à huit ans. Cette fidélisation en Île-de-France est accompagnée de mesures indemnitaires et sociales.

D'autre part, des concours déconcentrés en outre-mer sont organisés sur le ressort des services administratifs et techniques de la police de Guyane, Mayotte, Nouvelle-Calédonie et Polynésie française. En fin de scolarité, les lauréats sont affectés exclusivement dans ces territoires.

LES CONDITIONS D'APTITUDE PHYSIQUE (COMMUNES À TOUS LES CONCOURS)

Les candidats aux concours de gardien de la paix doivent être reconnus aptes à ces emplois, après examen médical auprès d'un médecin de la police nationale.

Ils doivent :

• avoir, après correction éventuelle, une acuité visuelle de quinze dixièmes pour les deux yeux avec un minimum de cinq dixièmes pour un œil, la puissance des verres correcteurs ou lentilles ayant un maximum de trois dioptries pour atteindre cette limite de quinze dixièmes ;

• être aptes au port et à l'usage des armes ;

• être médicalement aptes à un service actif de jour comme de nuit pouvant comporter une exposition aux intempéries et des déplacements de durée prolongée hors résidence.

L'examen médical comporte obligatoirement un dépistage de l'usage des produits illicites.

La décision d'aptitude ou d'inaptitude physique est notifiée par l'autorité administrative compétente après avis du médecin inspecteur régional de la police nationale.

LE CONCOURS EXTERNE DE GARDIEN DE LA PAIX

Les conditions de candidature

Les candidats doivent être de nationalité française.

Les candidats doivent être âgés de dix-sept ans au moins et de trente-cinq ans au plus, sauf dérogations, au 1er janvier de l'année du concours. La limite d'âge peut être reculée, sans pouvoir excéder trente-sept ans au 1er janvier de l'année du concours d'un temps égal à celui passé au titre du service national actif, d'un an par enfant à charge, par personne handicapée à charge, par enfant élevé pendant neuf ans avant qu'il n'ait atteint son seizième anniversaire. Par ailleurs, elle peut être reculée à des titres divers (anciens sportifs de haut niveau, anciens travailleurs handicapés). La limite d'âge n'est pas opposable aux mères et pères de trois enfants et plus, aux personnes élevant seules un ou plusieurs enfants et aux sportifs de haut niveau.

Les candidats doivent être titulaires du baccalauréat ou d'un diplôme équivalent ou justifier d'au moins trois ans d'activité dans la même catégorie socioprofessionnelle que celle de l'emploi postulé (deux ans pour les titulaires du diplôme national du brevet, d'un CAP ou d'un BEP).

Les mères et pères d'au moins trois enfants qu'ils élèvent ou ont élevés effectivement ainsi que les sportifs de haut niveau peuvent faire acte de candidature sans condition de diplôme.

D'autre part, les candidats doivent avoir un casier judiciaire vierge, ainsi qu'être recensés et avoir accompli la journée défense et citoyenneté (anciennement journée d'appel de préparation à la défense) ou être en règle avec la législation sur le service national (autres candidats).

L'organisation du concours

Le nombre de candidatures n'est pas limité.
Les dossiers de candidature sont à retirer dans les secrétariats généraux pour l'administration de la police (SGAP), dont la liste figure en annexe. Les directions régionales au recrutement et à la formation et les centres régionaux de formation peuvent renseigner sur les concours et leurs dates d'ouverture (leur liste figure également en annexe).

Les épreuves écrites d'admissibilité ont lieu au siège dans des centres d'examen dans la ville du SGAP dont dépend le candidat. Les épreuves d'admission ont généralement lieu en région parisienne. Les frais de transport sont à la charge du candidat.
Les résultats d'admissibilité sont communiqués approximativement un à deux mois après les épreuves. Les candidats admissibles sont convoqués individuellement aux épreuves d'admission dans des délais d'une à cinq semaines après la publication des résultats d'admissibilité.

Les épreuves d'admissibilité

Cas pratiques : à partir d'un dossier ne pouvant excéder 15 pages, résolution d'un ou de plusieurs cas pratiques consistant en des mises en situation guidées par des questions. Cette épreuve est destinée à évaluer les capacités rédactionnelles, de compréhension d'une situation professionnelle, d'analyse et de synthèse des candidats ainsi que leur faculté à se projeter dans les missions du corps (Durée : 3 heures ; Note éliminatoire : < 5/20 ; Coefficient : 4).

Tests psychotechniques : obligatoires, ils sont destinés à évaluer le profil psychologique des candidats et les qualités particulières requises pour exercer le métier de policier. Les résultats de ces tests sont communiqués aux membres du jury en vue de l'épreuve d'entretien d'admission (Durée : 2 heures ; Non notés).

L'épreuve de pré-admission

Épreuves physiques : parcours d'habilité motrice et test d'endurance cardio-respiratoire (Note éliminatoire : < 7/20 à l'une ou l'autre des deux épreuves ; Coefficient : 4).

Les épreuves d'admission

Test sous forme de questions/réponses interactives : test pouvant comporter des mises en situation à caractère pratique et déontologique. Ce test fait appel à la mémoire visuelle des candidats pour déterminer leurs qualités de perception, d'évaluation, de décision ainsi que leur vigilance. Dotés d'un boîtier de réponses électronique, les candidats, après avoir visionné une image, disposent de 15 secondes par question en rapport avec l'image observée pour répondre (Durée : 20 minutes ; Coefficient : 2).

Entretien avec le jury : l'entretien permet au jury d'évaluer le savoir être, l'aptitude et la motivation du candidat à occuper les fonctions de gardien de la paix, d'apprécier ses qualités de réflexion ainsi que ses connaissances générales (Durée : 25 minutes ; Note éliminatoire : < 5/20 ; Coefficient : 5). Le jury dispose comme aide à la décision :

• des résultats des tests psychotechniques passés par le candidat au moment de l'admissibilité, interprétés par le psychologue ;

• d'un *curriculum vitae* détaillé, apporté par le candidat le jour de l'entretien. Celui-ci devra comporter les compétences acquises lors du parcours scolaire et extrascolaire et développer les raisons de ce choix professionnel.

Langue étrangère (épreuve obligatoire) : une conversation en langue étrangère dans l'une des langues vivantes suivantes : anglais, allemand, espagnol, italien (Durée : 10 minutes ; Coefficient : 1).

LE SECOND CONCOURS DE GARDIEN DE LA PAIX (OU CONCOURS INTERNE)

Les conditions de candidature

Le concours interne de gardien de la paix est ouvert aux fonctionnaires et agents de l'État, des collectivités territoriales, des établissements publics qui en dépendent, y compris ceux mentionnés à l'article 2 de la loi n° 86-33 du 9 janvier 1986 portant dispositions statutaires relatives à la fonction publique hospitalière, aux militaires ainsi qu'aux agents en fonction dans une organisation internationale intergouvernementale qui, au 1er janvier de l'année du concours, sont âgés de moins de 45 ans et justifient d'au moins 4 ans de services publics.

Le concours interne de gardien de la paix est également ouvert aux :

• ADS (adjoints de sécurité) en activité, âgés de moins de 37 ans au 1er janvier de l'année du concours (aucune dérogation d'âge n'est possible) et comptant plus d'un an de service effectif à la date de la première épreuve écrite ;

• candidats issus du parcours « cadets de la République » en fin de formation ;

• GAV (gendarmes adjoints volontaires), APJA ou volontaires des armées servant dans la gendarmerie nationale, en activité, titulaires du diplôme de gendarme adjoint, et comptant plus d'un an de service effectif à la date de la première épreuve écrite.

Les épreuves d'admissibilité

Cas pratiques : à partir d'un dossier ne pouvant excéder 15 pages, résolution d'un ou de plusieurs cas pratiques consistant en des mises en situation guidées par des questions. Cette épreuve est destinée à évaluer les capacités rédactionnelles, de compréhension d'une situation professionnelle, d'analyse et de synthèse des candidats ainsi que leur faculté à se projeter dans les missions du corps (Durée 3 heures ; Note éliminatoire : < 5/20 ; Coefficient : 4).

Tests psychotechniques : obligatoires, ils sont destinés à évaluer le profil psychologique des candidats et les qualités particulières requises pour exercer le métier de policier. Les résultats de ces tests sont communiqués aux membres du jury en vue de l'épreuve d'entretien d'admission (Durée : 2 heures ; Non notés).

L'épreuve de pré-admission

Épreuves physiques : parcours d'habilité motrice et test d'endurance cardio-respiratoire (Note éliminatoire : < 7/20 à l'une ou l'autre des deux épreuves ; Coefficient : 4).

Les épreuves d'admission

Test sous forme de questions/réponses interactives : test pouvant comporter des mises en situation à caractère pratique et déontologique. Ce test fait appel à la mémoire visuelle des candidats pour déterminer leurs qualités de perception, d'évaluation, de décision ainsi que leur vigilance. Dotés d'un boîtier de réponses électronique, les candidats, après avoir visionné une image, disposent de 15 secondes par question en rapport avec l'image observée pour répondre (Durée : 20 minutes ; Coefficient : 2).

Entretien avec le jury : l'entretien avec le jury s'appuie sur un dossier professionnel préalablement remis par le candidat le jour de l'épreuve. Ce dossier a pour objet de mettre en évidence les acquis de l'expérience professionnelle du candidat durant son activité d'adjoint de sécurité ou bien de cadet de la République, option police nationale, ou encore de volontaire dans les armées servant dans la gendarmerie nationale, titulaire du diplôme de gendarme adjoint. Le jury dispose également, comme aide à la décision, des résultats des tests psychotechniques passés par les candidats au moment de l'admissibilité, interprétés par le psychologue (Durée : 25 minutes ; Note éliminatoire : < 5/20 ; Coefficient : 5).

Langue étrangère (épreuve facultative) : une conversation en langue étrangère dans l'une des langues vivantes suivantes : anglais, allemand, espagnol, italien (Durée : 10 minutes ; Coefficient : 1).

LE CAS PARTICULIER DES EMPLOIS RÉSERVÉS (LOI 70-2)

Au titre des emplois réservés, les militaires en fin de contrat ou souhaitant se reconvertir peuvent passer un concours spécifique de gardien de la paix. Dans ce cas précis, vous ne passerez pas les épreuves écrites de dissertation et de questionnaire à choix multiples de culture générale. Le concours de gardien de la paix au titre des emplois réservés se compose des épreuves suivantes : tests psychotechniques, épreuves sportives et entretien avec le jury. Ces épreuves sont identiques à celles des autres concours et sont détaillées dans ce manuel.
Pour plus de renseignements sur le concours de gardien de la paix au titre des emplois réservés, vous pouvez vous adresser au correspondant social de votre unité ou directement auprès de la délégation régionale au recrutement et à la formation (DRRF) de la police nationale dont vous trouverez les coordonnées en annexe à la fin de ce manuel.

QUELQUES CONSEILS PRATIQUES AUX FUTURS CANDIDATS

Lisez et conservez la notice jointe au dossier.
En toute hypothèse, les candidats veilleront à remplir soigneusement leur dossier de candidature et à joindre l'intégralité des pièces demandées.
N'attendez pas le dernier moment pour expédier votre dossier et gardez une photocopie de votre dossier.
N'oubliez pas que tout dossier incomplet est un dossier rejeté.
Vérifiez l'affranchissement.
Conservez en lieu sûr votre convocation et lisez-la bien (le jour J, l'heure H, le lieu L).
Enfin, nous rappelons que le choix du concours, national à affectation nationale ou national à affectation régionale Île-de-France, se fait préalablement à l'inscription au concours. Ce choix est définitif et irréversible : le candidat ne peut revenir sur sa décision une fois le dossier d'inscription validé.

LES ÉPREUVES ÉCRITES DU CONCOURS DE GARDIEN DE LA PAIX

PARTIE II

1 | L'ÉPREUVE DE CAS PRATIQUES

PRÉPARATION À L'ÉPREUVE

Présentation de l'épreuve de cas pratiques

À partir d'un dossier ne pouvant excéder 15 pages, résolution d'un ou de plusieurs cas pratiques consistant en des mises en situation guidées par des questions. Cette épreuve est destinée à évaluer les capacités rédactionnelles, de compréhension d'une situation professionnelle, d'analyse et de synthèse des candidats, ainsi que leur faculté à se projeter dans les missions du corps.

L'épreuve dure 3 heures et est affectée d'un coefficient 4. Toute note inférieure à 5 sur 20 est éliminatoire.

Les caractéristiques de l'épreuve de cas pratiques

Selon le service organisateur du concours de gardien de la paix, « chaque cas pratique est assorti d'une ou plusieurs questions auxquelles le candidat doit répondre de manière argumentée en se basant sur les documents fournis dans le dossier professionnel et/ou en faisant appel à ses connaissances générales et son opinion propre.
Il n'est pas demandé de construire la réponse en parties et sous-parties.
L'épreuve de cas pratiques se fixe comme objectif de placer les candidats dans une **situation de travail concrète**, proche des réalités professionnelles d'un gardien de la paix.
Les cas pratiques proposés ne nécessitent pas de connaissances spécifiques et sont accessibles tant au public externe qu'au public interne.
Les cas pratiques proposés doivent permettre aux candidats de faire valoir leur capacité à comprendre une situation, l'analyser et prendre des décisions.
Cette épreuve étant professionnalisée, elle nécessite que les candidats mobilisent leurs capacités :
- de réflexion par rapport aux situations données ;
- de décision dans un contexte donné. »

Cette épreuve doit donc être comprise comme une mise en situation pratique visant à évaluer vos capacités de réflexion et d'initiative. Un scénario vous indiquera le contexte dans lequel vous vous trouvez. Le dossier documentaire vous fournira les éléments (lois, circulaires, articles de presse, notes de service...) vous permettant d'orienter et d'argumenter votre prise de décision.

Donc, même si vous êtes candidat au concours externe de gardien de la paix et que vous connaissez peu la police nationale et ses missions, vous pouvez quand même réussir cette épreuve.

Les questions de mise en situation professionnelle

Cette épreuve présente une orientation directement professionnelle car les textes du dossier sont en lien avec les nombreuses missions de la police nationale ou bien avec des problématiques qu'elle peut rencontrer. Les questions peuvent donc permettre d'évaluer certaines aptitudes professionnelles du candidat dans l'exercice potentiel du métier de policier.

Le libellé de l'épreuve précise clairement que, sur la base des questions de mise en situation professionnelle, l'épreuve de cas pratiques est destinée à évaluer les capacités rédactionnelles, de compréhension d'une situation professionnelle, d'analyse et de synthèse des candidats ainsi que leur faculté à se projeter dans les missions du corps. Ces questions ont donc pour rôle d'évaluer chez le candidat :

- ses capacités de discernement ;
- son aptitude à évaluer une situation ;
- son aptitude à formuler des propositions.

Les documents du dossier documentaire

Le dossier documentaire figure dans le sujet du concours après les différents cas pratiques.

De manière générale, les textes du dossier sont à vocation informative ou argumentative. Le dossier fourni aux candidats peut comporter toutes sortes de documents permettant d'éclairer utilement le candidat : articles de presse, graphiques et données chiffrées, jurisprudence, extraits de lois (code pénal, code de procédure pénale, code de déontologie...), décrets, arrêtés, circulaires, notes internes...

En toute hypothèse, les textes soumis aux candidats ne poseront aucune difficulté quant à leur compréhension. La longueur d'un texte peut varier de quelques lignes à plus d'une cinquantaine. L'ensemble des différents textes du dossier documentaire ne dépasse pas un total de 15 pages.

Les attentes des correcteurs

Selon le service organisateur du concours, « l'objectif de l'épreuve est d'aboutir à des réponses pragmatiques et argumentées, la finalité de l'épreuve est de résoudre une ou des problématiques et, notamment, de vérifier chez les candidats la capacité à :

- analyser la situation professionnelle proposée ;
- hiérarchiser et synthétiser les informations contenues dans le dossier ;

- rechercher les solutions appropriées au regard du contexte proposé ;
- prioriser les actions nécessaires ;
- prendre des initiatives ;
- formuler des propositions pratiques et opérationnelles ;
- se projeter dans un collectif de travail ;
- se projeter dans une organisation hiérarchique (droits et devoirs) ;
- rédiger (qualité de l'expression, de la rédaction, de l'orthographe) ;
- gérer le temps imparti (3 heures pour traiter l'épreuve). »

Indications méthodologiques

Se préparer à l'épreuve de cas pratiques

Le premier conseil que l'on peut donner à un candidat consiste à lire régulièrement, notamment la presse (quotidiens et magazines d'actualité). Il en tirera profit pour les épreuves du concours : oral avec le jury (afin d'approfondir sa culture générale), ainsi que pour l'épreuve de cas pratiques (bien souvent, les textes soumis aux candidats sont issus d'articles récents de journaux, ou les thèmes des cas pratiques sont en lien avec l'actualité, comme la sécurité routière ou la lutte contre le trafic de stupéfiants).

Il est également important d'attacher une importance particulière au suivi de l'actualité de la police et de la justice, ainsi qu'à un approfondissement de votre connaissance des missions d'un policier.

La lecture des cas pratiques

Une fois devant le texte du cas pratique décrivant la mise en situation et énonçant les questions, prenez le temps de bien lire. Si le sens exact ne vous paraît pas totalement clair après une première lecture, faites une deuxième lecture. Il est vraiment très important de bien saisir le contexte, la mise en situation et ce qui est attendu de vous. N'hésitez pas à surligner les éléments qui vous paraissent les plus importants.

La lecture du dossier

La compréhension du dossier est essentielle. Si vous comprenez convenablement le dossier, vous ne risquez pas de faire un devoir hors sujet ou bien un devoir incomplet. La liste des différents éléments du dossier permet d'en cerner le contenu général : textes de loi, analyses concrètes, articles de presse, tableaux de statistiques...

En lisant en diagonale les documents du dossier, vous pourrez vous imprégner du dossier et commencer à distinguer les différentes problématiques des cas pratiques. Pour cela, prenez les documents dans l'ordre, ne lisez que ce qui apparaît à première vue de manière distincte (les titres, ce qui est souligné en gras, les résumés, les conclusions...).

N'oubliez pas que vos réponses aux cas pratiques ne reposent pas uniquement sur le dossier : il ne s'agit pas d'une épreuve de note de synthèse ou d'étude de texte. Les différents éléments du dossier ne viennent qu'en appui de la réponse que vous formulerez par vous-même.

La lecture complète du dossier

En ayant préalablement lu les différents cas pratiques, commencez la lecture complète du dossier. Lors de cette lecture, tâchez de faire le lien avec les différents cas pratiques afin de commencer à préparer votre réponse dans votre esprit.

Pour ne pas perdre trop de temps lors de cette étape, votre manière de lire devra s'adapter aux différents types de documents pouvant figurer dans le dossier :

Type de document	Type de lecture préconisé
Documents juridiques	• Faire attention à la hiérarchie des normes juridiques (exemples : le décret est supérieur à la circulaire, le décret est inférieur à la loi...) • Centrer plus particulièrement son attention sur les « considérant » (qui figurent au début des documents) et sur les conclusions
Statistiques et chiffres	• Faire attention à l'intitulé des tableaux et documents • Saisir l'idée générale du document (évolution importante, baisse, augmentation, éparpillement...)
Rapports officiels	• Être conscient que le rapport n'exprime que l'avis de son auteur • Être attentif à la conclusion et aux propositions faites
Notes de service	• Faire le lien avec la mise en situation : une note de service a pour vocation de donner des instructions de la hiérarchie dans une situation donnée
Articles de presse	• Veiller à conserver un regard critique en raison de la partialité éventuelle de l'article de presse

Votre lecture peut s'accompagner d'un surlignage éventuel des documents. Mais, en toute hypothèse, soyez très rapide dans votre travail d'analyse du dossier. Un surlignage de certains passages des documents et le renvoi à tel ou tel cas pratique sont suffisants pour faire le lien entre le dossier et les cas pratiques. Vous pouvez, idéalement, noter à côté de chaque document à quel cas pratique il se rattache.

Les réponses aux questions

Efforcez-vous de répondre aux questions dans l'ordre et en suivant l'ordre des cas pratiques. Faites attention à l'emploi du singulier ou du pluriel dans la question : si le singulier est employé, il n'y a qu'un élément de réponse à donner ; si le pluriel est employé, il y aura plusieurs éléments de réponse.

Vos réponses, plus ou moins développées en fonction de la nature de la question et du nombre de points attribués, devront toujours être rédigées. N'employez pas de style télégraphique, ni d'abréviations. Dans vos réponses, évitez systématiquement de paraphraser le texte du dossier.

Pour ne pas perdre de points, vous devez respecter les règles d'orthographe et de syntaxe. Construisez toujours vos phrases selon la même structure : un sujet, un verbe et un complément. De même, prenez l'habitude de toujours vous relire à la fin de votre devoir.

Enfin, nous vous rappelons les règles d'anonymat : aucun signe distinctif (signature, matricule, encres fantaisistes, indication de nom...) ne doit figurer sur la copie. Par ailleurs, les feuilles de brouillon ne sont jamais prises en compte par les correcteurs.

S'entraîner à répondre aux questions

Vous devez répondre dans l'ordre aux questions des cas pratiques. Si vous n'avez pas la réponse à une question, ne perdez pas inutilement du temps à chercher une réponse qui ne vient pas tout de suite : laissez quelques lignes vides et revenez plus tard sur cette question. Respectez la longueur des réponses lorsqu'elle est indiquée : ne faites ni trop court, ni trop long. Dans vos réponses, soignez votre présentation : pas de ratures, écriture lisible, saut de lignes entre les différentes questions.

De même, écrivez de façon simple et précise :
- une seule idée par phrase ;
- pour exprimer deux idées, faites deux phrases ;

- construisez toujours vos phrases avec un sujet/un verbe/un complément ;
- les phrases doivent être intégralement rédigées (pas d'abréviation ni de style télégraphique) ;
- n'employez que des mots dont vous êtes certain du sens (et de l'orthographe).

Prenez l'habitude de toujours vous relire à la fin de votre devoir. Vous éviterez ainsi de nombreux oublis et fautes préjudiciables.

Répondre aux questions de mise en situation professionnelle

Il n'est pas attendu de la part des candidats des réponses équivalentes à celles de policiers aguerris. L'enjeu est ici de prouver ses **qualités de jugement** et son **bon sens moral**. Outre ces qualités, il est également attendu du candidat qu'il se soit familiarisé avec les obligations déontologiques et la nature des missions d'un gardien de la paix. Il vous faut donc être familier des notions de déontologie, de comportement professionnel (à l'égard du public, des collègues et de la hiérarchie) et d'obligations professionnelles. Il existe ainsi de nombreuses obligations s'attachant à une carrière dans la police nationale : adaptation à de nouvelles fonctions et responsabilités, cadre hiérarchique, mutations potentielles et premier emploi loin de la région d'origine, travail en équipe... Ce qui importera dans vos réponses, c'est la recherche de la solution la plus favorable à l'intérêt général, au respect de la probité des agents publics et à celui de la légalité.

Vous pouvez donc travailler en priorité sur les notions de comportement déontologique à propos des cadeaux offerts en remerciement d'un service, d'un renseignement confidentiel demandé par un proche, du lien pouvant exister avec une entreprise faisant l'objet d'une procédure ou d'un contrôle de police, d'un collègue ayant commis une faute professionnelle... Ces mises en situation professionnelle d'ordre déontologique impliquent des réponses réfléchies et nuancées, mais appuyées tant sur le bon sens et l'honnêteté que sur une connaissance de base des principes déontologiques, des droits et obligations des policiers et des sanctions administratives potentielles. Les éléments ci-après dans les rappels déontologiques des policiers vous aideront à mieux construire vos réponses lors des questions de mise en situation professionnelle.

Enfin, il peut arriver que des questions impliquent une prise de position personnelle. Ici, on ne vous demande pas une longue argumentation, mais les correcteurs attendent de voir si vous êtes à même de réagir de manière personnelle face au texte. Même si l'on ne vous demande pas de développer particulièrement votre point de vue, vous devez employer des phrases convenablement rédigées. Donnez votre opinion personnelle, mais soyez toujours nuancé. En aucun cas vous ne devez vous montrer trop critique ou agressif.

Apprendre à rédiger simplement et clairement

L'épreuve de cas pratiques n'implique pas spécialement l'emploi d'un style littéraire très marqué chez le candidat. Il convient donc de toujours privilégier des phrases simples :

- une seule idée par phrase (si vous avez deux idées, faites deux phrases) ;
- une phrase est toujours construite selon l'architecture « un sujet/un verbe/un complément » ;
- si des phrases doivent être liées entre elles, utilisez les mots de liaison appropriés (*ensuite*, *donc*, *par conséquent*, *en premier/second lieu*...).

Pour vous exercer à écrire de manière claire et fluide, vous pouvez vous relire à haute voix. Les lourdeurs de style et les fautes de syntaxe vous apparaîtront alors plus clairement (vous pouvez également faire relire votre copie à un proche, mais le mieux reste de se rendre compte par soi-même de ses erreurs).

Pour ne pas alourdir votre style, nous vous recommandons de ne pas commencer vos phrases par une conjonction de coordination (*mais*, *ou*, *et*, *donc*, *or*, *ni*, *car*) et de ne pas employer à l'excès des propositions relatives (*que*, *qui*, *dont*...).

N'employez que des mots dont vous connaissez le sens. S'agissant du vocabulaire juridique, les différentes parties de ce manuel vous donneront tous les atouts pour maîtriser convenablement les différents termes et ne pas faire de confusion préjudiciable.

De même, pour rendre votre devoir plus clair et agréable à lire, nous vous conseillons de varier votre vocabulaire. Un conseil simple à mettre en place : chaque fois que cela est possible, utilisez d'autres verbes que « faire », « avoir » et « être ».

Enfin, nous vous rappelons les principales règles de ponctuation :

- une virgule ne sépare jamais un sujet et un verbe ;
- une virgule ne sépare jamais un verbe et ses compléments ;
- une virgule ne sépare jamais le nom et les compléments du nom ;
- pour une copie de concours, proscrivez les points d'exclamation ;
- les deux points s'emploient pour introduire une citation, une explication ou une énumération ;
- dans une copie de concours, n'utilisez les guillemets que pour rapporter une citation.

Gérer le temps de l'épreuve

La gestion du temps est un aspect essentiel de la réussite de l'épreuve. Elle dure 3 heures et les brouillons ne sont pas corrigés. Vous devez donc vous exercer au préalable en respectant les conditions du concours.

Nous vous recommandons fortement de toujours garder du temps avant la fin de l'épreuve afin de vous relire. De même, il est inutile de rédiger tout votre devoir au brouillon : vous perdriez trop de temps. Ne rédigez au brouillon que l'introduction et, éventuellement, la conclusion.

La notation de l'épreuve de cas pratiques

L'addition des points attribués à chaque question représente un total de 20 points.

Néanmoins, les correcteurs peuvent retirer jusqu'à 4 points en cas de fautes d'orthographe, de syntaxe, de grammaire ou de mauvaise présentation de la copie :

- perte d'un point lorsque la présentation et l'écriture sont négligées ;
- syntaxe : perte d'un point lorsque la copie est rédigée dans un style particulièrement incorrect (style télégraphique, fautes de syntaxe...) ;
- orthographe : perte d'un point entre 5 et 10 fautes, de deux points au-delà de 10 fautes.

Toute note inférieure à 5 sur 20 à cette épreuve entraîne l'élimination du candidat de la liste d'admissibilité.

La présentation de la copie

Rien n'est plus désagréable pour un correcteur que d'avoir affaire à une copie illisible. Faites donc des efforts de présentation :

- écrivez à l'encre bleue ou noire, à l'exclusion de toute autre couleur ;
- pas de rature ;
- sautez des lignes entre les différents paragraphes et parties de votre devoir (une présentation aérée est toujours plus agréable) ;
- adoptez une écriture lisible, sans pattes de mouche ;
- faites attention aux ruptures d'anonymat (copie signée, utilisation de plusieurs couleurs, signes distinctifs...).

Les rappels déontologiques des policiers

Les éléments ci-dessous vous feront mieux prendre conscience des éléments déontologiques dans le comportement à adopter en tant que policier, et vous permettront donc de mieux construire vos réponses lors des questions de mise en situation professionnelle.

Les points clés de la loi relative à la déontologie et aux droits et obligations des fonctionnaires (loi du 29 juin 2016)

L'article 1er de cette loi consacre, pour la première fois dans le droit de la fonction publique, les valeurs fondamentales communes aux agents publics afin de :

- reconnaître le devoir d'exercer ses fonctions avec impartialité, probité et dignité, qui fonde la confiance des citoyens envers ceux qui ont fait le choix de servir l'intérêt général et justifie en retour le respect dû à la dignité des fonctions et des agents qui les exercent ;
- consacrer les obligations de neutralité et de réserve auxquelles le fonctionnaire est tenu pour garantir l'égal traitement et le respect de la liberté de conscience de toutes les personnes ;
- garantir le respect du principe de laïcité.

En outre, le rôle du chef de service est reconnu en matière de déontologie. Il lui incombe en effet de veiller au respect de ces valeurs fondamentales dans le fonctionnement quotidien des services placés sous son autorité.

L'article 4 de cette loi consacre le principe de la transparence pour éviter les conflits d'intérêts. Afin de prévenir les conflits d'intérêts, chaque agent public qui, dans l'exercice de ses fonctions, est potentiellement exposé à des conflits d'intérêts doit désormais remplir une déclaration exhaustive de ses intérêts avant d'être nommé à un poste à responsabilité. Par ailleurs, chaque haut fonctionnaire a deux mois pour envoyer une déclaration de son patrimoine. Ces dispositions permettent de prévenir les soupçons d'impartialité qui pourraient porter sur la prise de décision publique. Ce dispositif parachève celui mis en place pour les responsables politiques par la loi du 11 octobre 2013 relative à la transparence de la vie publique.

Cette loi prévoit également la mise en place de référents déontologues. Le référent déontologue est chargé d'aider le fonctionnaire à respecter ses obligations déontologiques en lui donnant des conseils. Tout fonctionnaire a le droit d'être accompagné d'un référent déontologue. Par ailleurs, cette loi protège les lanceurs d'alerte. Un lanceur d'alerte est une personne qui veut mettre fin à une action illégale ou irrégulière en interpellant les pouvoirs en place ou en suscitant une prise de conscience. Jusqu'alors, la protection des lanceurs d'alerte dans la fonction publique ne concernait que la dénonciation des crimes et délits ; elle concerne aussi désormais les conflits d'intérêts. L'agent public ne peut pas être sanctionné pour avoir dénoncé de bonne foi un conflit d'intérêts.

Cette loi rappelle le principe de protection des agents publics, et étend cette protection. Si un fonctionnaire est mis en cause pénalement pour des actes liés à l'exercice de sa mission, l'administration se doit de le protéger, et éventuellement de se substituer à lui dans le procès. Si un fonctionnaire est victime de menaces ou de violences liées à sa mission, l'administration doit le protéger sur le plan juridique.

Désormais, cette protection peut aussi s'étendre à sa famille. L'administration prend en charge la réparation du préjudice subi, les frais de procédures, et facilite les démarches administratives pour le fonctionnaire et sa famille.

Les droits et obligations des policiers

Les principaux droits des policiers sont les suivants :

- liberté de conscience et d'opinion ;
- droit à la communication du dossier personnel ;
- droit syndical ;
- droit à la formation professionnelle ;
- droit à la protection et à la santé (l'État doit assurer à ses agents des conditions de travail conformes aux règles d'hygiène et de sécurité) ;
- droit à la protection juridique de l'administration (par exemple, pour les policiers victimes d'outrage ou de violence au cours de l'exercice de leurs missions) ;
- droit à la rémunération ;
- droit aux congés.

Les policiers sont également soumis à plusieurs obligations :

- interdiction du cumul d'activités (on ne peut exercer plusieurs emplois, sauf dans quelques exceptions très limitées) ;
- interdiction du droit de grève ;
- obligation de réserve (on ne doit en aucun cas exprimer ses opinions politiques, philosophiques ou religieuses au cours de son activité professionnelle et, dans une certaine mesure, également en dehors du service) ;
- obligation de discrétion professionnelle (ou de secret professionnel) ;
- devoir d'obéissance hiérarchique (complété par une obligation de « désobéissance » lorsque l'ordre reçu est manifestement illégal et est de nature à compromettre gravement un intérêt public).

Quelques rappels de grands principes déontologiques

Le devoir de réserve est l'obligation de ne pas, en aucun cas, exprimer ses opinions politiques, philosophiques ou religieuses au cours de son activité professionnelle et, dans une certaine mesure, également en dehors du service. Le secret professionnel, lui, concerne l'ensemble des informations connues dans le cadre des activités professionnelles. Dans les deux cas (violation du secret professionnel ou violation du devoir de réserve), le fautif s'expose à la fois à des sanctions pénales et à des sanctions disciplinaires. Il peut également engager, le cas échéant, sa responsabilité civile.

L'éthique peut être définie comme la morale d'un individu, notamment en ce qu'elle guide ses actions et oriente ses jugements. Elle se distingue de la déontologie, qui concerne les obligations morales propres à l'exercice d'une profession.

Fonctionnaire d'autorité, le policier dispose de pouvoirs importants qu'il doit utiliser dans les limites prévues par la loi. Les employer à des fins personnelles et intéressées l'expose aux sanctions du délit de corruption. Être corrompu, c'est utiliser d'une façon quelconque, directe ou indirecte, le pouvoir que l'on détient en dehors de son champ légitime pour se procurer des avantages, en argent ou en nature, ou en distribuer à ses parents, amis ou relations. Corrompre un policier, c'est l'amener, par des présents, promesses ou avantages, à agir en sa faveur ou contrairement aux règles de sa mission.

Les relations avec le public

Le respect des règles élémentaires de courtoisie, la bienséance de ses attitudes et le soin que le policier apporte à sa personne et à sa tenue vestimentaire contribuent à la valorisation de son métier et à celle de l'institution. Ainsi, il est absolument essentiel qu'un policier, adoptant une tenue et une apparence physique soignées, manifeste au quotidien un comportement irréprochable, en proscrivant les excès de langage, les familiarités, les gestes déplacés. Il doit faire preuve de retenue dans ses actes et propos.

Ce principe prend encore plus d'acuité lorsque le policier agit en uniforme, signe extérieur et manifeste de sa qualité. Le port de la tenue confère un certain prestige et conforte son autorité. En abuser aboutit à les amoindrir.

Les relations avec les collègues

Indépendamment des statuts, des corps, des grades, des tâches, les relations entre collègues reposent sur le respect mutuel, la loyauté et la solidarité. Ces valeurs s'imposent avec une force particulière à ceux qui exercent l'autorité hiérarchique. Le respect mutuel suppose que l'on considère que toute tâche, aussi modeste soit-elle, apporte sa contribution au bon fonctionnement du service public. Les manifestations d'élitisme (par exemple : « la seule vraie police, c'est... ») ou de déconsidération vis-à-vis d'un corps, d'un grade, d'une fonction, révèlent une méconnaissance de la complémentarité des collègues au sein d'une unité ou d'un service. Elles témoignent d'une perception très réduite de l'institution.

Le respect mutuel, c'est aussi admettre sans jalousie ou mépris certaines situations particulières justifiées (horaires ou postes aménagés, congés exceptionnels...). Le respect mutuel requiert enfin de la tolérance, c'est-à-dire une ouverture d'esprit suffisante pour laisser les collègues exposer des positions contraires aux siennes. En effet, tout fonctionnaire peut s'exprimer librement. Toutefois, cette liberté est limitée par l'obligation de réserve qui exige de la modération dans l'expression des opinions personnelles, notamment lorsqu'elles sont liées à des idéologies politiques ou philosophiques. Cette restriction s'applique également aux conversations entre fonctionnaires et vise alors à éviter les polémiques, souvent extraprofessionnelles, nuisibles au bon fonctionnement du service.

La loyauté entre collègues se traduit d'abord par la franchise. Il s'agit en premier lieu de porter sincèrement à la connaissance des collègues les informations professionnelles lorsqu'ils sont en droit de les obtenir (projet de restructuration d'un service, échange d'informations opérationnelles entre services...). Mais il convient également d'avoir le courage d'exposer directement à une personne les griefs que l'on peut avoir contre elle, tout en restant correct. Se livrer à des actions de dénigrement sournoises prive la personne visée de toute possibilité de s'expliquer et, en outre, génère au sein du service une ambiance d'hypocrisie. La loyauté commande d'admettre et d'assumer ses erreurs sans impliquer ceux qui n'ont aucune part de responsabilité. Constitue également une forme d'honnêteté la capacité, lors de la réussite d'une action commune, de reconnaître équitablement les mérites de chacun. La loyauté s'illustre enfin par la discrétion dans certaines situations. Ces dernières comprennent bien sûr tous les cas où les textes imposent le secret professionnel sur des informations à caractère personnel face à des sollicitations de personnes non habilitées, qu'elles soient fonctionnaires ou non (gestion du personnel, fonctions de commandement, poursuites judiciaires ou administratives...). Mais il est souhaitable de se montrer tout aussi discret sur les informations relatives à la vie privée perçues fortuitement dans le côtoiement des collègues (problèmes familiaux ou de santé...).

La solidarité est nécessaire pour l'exercice de la profession de policier. Elle se manifeste par une disponibilité constante vis-à-vis des collègues et l'offre de son assistance (appel de renforts, aide à la rédaction d'une procédure ou à l'accomplissement d'une tâche administrative...). La désinvolture (absentéisme, manque d'ardeur...) est contraire à l'esprit d'équipe, notamment en ce qu'elle alourdit la charge de travail des autres. Par ailleurs, la solidarité peut également s'exprimer dans les rapports privés. C'est le cas lorsque le fonctionnaire est attentif à autrui et propose avec tact son aide pour aider un collègue à résoudre des difficultés personnelles dont il aurait fait part ou que son comportement aurait permis de détecter (inciter une personne à suivre un traitement médical, prendre le tour de permanence d'un autre pour lui permettre de se libérer...). Bien qu'elle soit indispensable, la solidarité a des limites. Il est inconcevable de s'abriter derrière elle pour fermer les yeux sur les comportements déviants (corruption, vol...).

■ L'exercice de l'autorité hiérarchique

Il n'est certainement pas souhaitable de laisser perdurer une situation conflictuelle, et encore moins de la créer ou de l'exploiter, notamment en ignorant la chaîne hiérarchique inférieure, pour susciter une émulation en fin de compte artificielle. Le bon fonctionnement du service impose que l'autorité de commandement se montre équitable. Les subordonnés admettent très mal que le travail soit réparti, que des récompenses soient attribuées ou des sanctions prises selon des critères qui leur paraissent arbitraires, notamment en raison d'une absence de transparence.

La transparence est d'ailleurs souhaitable en toutes circonstances. Elle constitue un solide rempart contre toute manifestation de partialité ou d'autoritarisme. Elle nécessite l'instauration de conditions favorisant la communication. Cela aura pour effet de permettre aux subordonnés d'exprimer leurs suggestions et observations. Sauf à vouloir se comporter en autocrate, il convient de les prendre en compte, dans la mesure du possible, lorsqu'elles sont fondées.

■ Les relations avec la hiérarchie

Un policier manifeste principalement sa loyauté envers un supérieur hiérarchique en exécutant consciencieusement les instructions reçues, en rendant sincèrement compte de l'exécution des missions confiées, en faisant connaître clairement ses objections et leur fondement, ainsi qu'en respectant la chaîne hiérarchique supérieure.

La chaîne hiérarchique se compose de multiples maillons. Il peut être tentant, pour un subordonné, d'en négliger quelques-uns afin d'atteindre directement une autorité supérieure. Cette pratique, aussi gratifiante qu'elle puisse paraître à celui qui s'y livre, nuit en fait à la bonne marche du service.

La possibilité offerte à chaque policier, notamment lorsqu'il est en désaccord avec les décisions prises, de faire part à ses supérieurs de ses observations ne s'envisage bien évidemment que lorsque ces dernières sont fondées et constructives. La droiture et la fidélité de l'exécutant ne se conçoivent pas comme des freins à la part d'initiative qui revient à chaque subordonné, notamment dans les cas d'urgence.

Le fonctionnaire ne peut recevoir d'ordre que de l'autorité dont il dépend fonctionnellement. Cela ne le dispense pas des marques de respect dues aux fonctionnaires d'un grade plus élevé appartenant à un autre service ou à une autre administration.

Le régime disciplinaire de la police nationale

En cas de non-respect de leurs obligations, les policiers peuvent faire l'objet de sanctions. Les sanctions administratives sont classées en quatre groupes :
- premier groupe : l'avertissement, le blâme ;
- deuxième groupe : la radiation du tableau d'avancement, la baisse d'échelon, l'exclusion temporaire pour une durée maximale de 15 jours, le déplacement d'office ;
- troisième groupe : la rétrogradation, l'exclusion temporaire pour une durée de 16 jours à 2 ans ;
- quatrième groupe : la mise à la retraite d'office, la révocation.

L'autorité ayant pouvoir disciplinaire peut prononcer des sanctions du premier groupe. Celles des deuxième, troisième et quatrième groupes seront obligatoirement prononcées par le conseil de discipline.

Il existe trois garanties pour les fonctionnaires faisant l'objet d'une procédure disciplinaire :
- le principe du contradictoire : le fonctionnaire a droit à la communication de son dossier avant toute mesure disciplinaire, mais également toute mesure non disciplinaire prise à son encontre. Par ailleurs, le conseil de discipline ne doit être saisi que pour prononcer une sanction relevant au moins du second groupe ;
- la possibilité de faire appel de la sanction administrative devant la juridiction administrative ;
- la décision prononçant la sanction administrative doit être motivée.

Parmi les différentes sanctions administratives, le blâme et l'exclusion temporaire sont mentionnés au dossier individuel du fonctionnaire, mais pas l'avertissement. Ces sanctions sont effacées dans un délai de trois ans si aucune autre sanction n'est intervenue.

La juridiction prud'homale étant compétente pour les contrats de travail de droit privé, les litiges entre salariés et employeurs du secteur public seront examinés par la juridiction administrative. C'est donc celle-ci qui devra être saisie par le fonctionnaire contestant la sanction dont il aura fait l'objet.

ANNALES CORRIGÉES DE SEPTEMBRE 2020

Pour approfondir votre entraînement à l'épreuve de cas pratiques, vous trouverez également de nombreuses annales et sujets inédits dans les ouvrages *Annales corrigées - Gardien de la paix* et *Sujets types inédits - Gardien de la paix* (éditions Studyrama).

Épreuve commune aux trois concours
Durée : 3 heures
Coefficient : 4

Sujet

Cas pratique n° 1 (noté sur 10 points)

Situation

Vous êtes affecté(e) en qualité de gardien(ne) de la paix au commissariat de police de Xville, en brigade de sûreté urbaine (service chargé des enquêtes).
Il y a quelques jours, un cambriolage a eu lieu dans une maison appartenant à une famille de notables de la ville. Divers objets de valeur ont été dérobés, dont un bijou qui, outre sa valeur pécuniaire, revêt une importante valeur sentimentale aux yeux du propriétaire, M. DUBIEN.
Suite aux investigations, l'auteur des faits a été identifié et vous avez procédé à l'interpellation de l'individu. L'intégralité des objets volés a ainsi été restituée à M. DUBIEN.
Alors que vous vous trouvez à l'accueil du commissariat, Monsieur DUBIEN se présente au commissariat. Ce dernier vous adresse ses plus chaleureux remerciements et vous tend une enveloppe non cachetée. Vous constatez qu'elle contient de l'argent liquide.
Il ajoute alors en souriant : « C'est pour vos collègues et vous. Merci encore d'avoir arrêté ce malfrat, j'ai pu récupérer le collier de ma défunte mère. C'est tout ce qu'il me reste d'elle et il est dans ma famille depuis des générations. Je tiens vraiment à remercier la police pour le travail accompli. »

Vous répondrez aux questions suivantes en vous aidant des documents fournis.

Face à cette situation, que faites-vous ? Argumentez votre réponse.

M. DUBIEN conclut en soulignant qu'il existe, par ailleurs, un fort sentiment d'insécurité suite aux nombreux cambriolages commis dans le quartier.

Quelles solutions peuvent être mises en œuvre pour remédier au sentiment d'insécurité de M. DUBIEN ?

Cas pratique n° 2 (noté sur 10 points)

Situation

Vous êtes affecté(e) en qualité de gardien(ne) de la paix au commissariat de police de Xville, à l'unité de police secours (UPS). Vous exercez en police secours de jour.
Vous avez pris votre service ce jour à 13 h 00.
En compagnie de l'adjoint de sécurité ORANGE et du gardien de la paix ROSE, vous avez pour mission de patrouiller à pied en centre-ville. Vous disposez d'une radio dont l'indicatif est TP 00 Alpha. Le centre d'information et de commandement répond à l'indicatif radio TN 00.
À 19 h 30, alors que vous vous trouvez dans une petite rue adjacente à la place du centre-ville, votre attention est attirée par un bruit provenant de véhicules stationnés sur un parking.
Vous vous dirigez vers le bruit.
À votre arrivée, vous constatez que plusieurs voitures ont les pneus à plat. Sur le parking, vous surprenez un individu accroupi en train de crever le pneu d'une voiture à l'aide d'un couteau.
À votre vue, il prend la fuite en courant et disparaît dans une rue non éclairée.

Vous répondrez aux questions suivantes en vous aidant des documents fournis.

Une intervention est-elle justifiée dans le cas présent ? Argumentez votre réponse.
Face à cette situation, que faites-vous concrètement ?

1. Vous parvenez à rattraper l'individu.
Quelles actions mettez-vous en œuvre ?

Cas pratique n° 3 (noté sur 10 points)

Situation

Vous êtes affecté(e) en qualité de gardien(ne) de la paix au commissariat de police de Xville, à l'unité de police secours (UPS).
Vous avez pris votre service ce jour, à 13 h 00. Vous disposez d'une radio dont l'indicatif est TP 00 Alpha. Le centre d'information et de commandement répond à l'indicatif radio TN 00.
Votre chef, le major de police LEROUGE, vous a demandé d'assurer la garde d'une entrée de service de l'hôpital de Xville qui va être inauguré aujourd'hui à 16 h 00 par le ministre des Solidarités et de la Santé.
L'issue que vous devez protéger est située à l'arrière du bâtiment, dans une petite rue, à l'abri des regards. La porte n'est pas verrouillée pour permettre la sortie des personnels de restauration, qui finissent leur service vers 15 h 30. Vous n'avez pas la clef.
Les consignes sont claires : personne ne doit entrer par cette porte. Vous êtes seul(e) et ne devez quitter les lieux sous aucun prétexte, sauf cas de force majeure. À la fin du service, votre chef viendra vous récupérer.
À 15 h 45, se présente à vous un homme en costume. Il dit se nommer A. DURAND et être le PDG de la plus grosse société d'ambulance du département. Il vous demande poliment de bien vouloir le laisser entrer pour assister à l'inauguration.
Il vous explique qu'il sera en retard s'il doit contourner le bâtiment. Il sait que l'entrée que vous gardez permet d'emprunter un raccourci. Il vous présente sa pièce d'identité. Vous relevez son identité.
Vous décidez de contacter votre chef par le canal radio réservé. Le réseau est encombré et vous n'arrivez pas à entrer en contact avec lui. Vous n'avez pas son numéro de téléphone.
Monsieur A. DURAND montre des signes d'impatience et devient insistant car le temps passe.

Vous répondrez aux questions suivantes en vous aidant des documents fournis.

Laissez-vous entrer Monsieur A. DURAND ? Justifiez votre réponse.

Monsieur A. DURAND, très agacé, finit par quitter les lieux, après vous avoir adressé un bras d'honneur.

Que faites-vous ? Justifiez votre réponse.
Monsieur A. DURAND a-t-il commis une infraction à votre encontre ? Si oui, laquelle ? Développez votre réponse.

Cas pratique n° 4 (noté sur 10 points)

Situation

Vous êtes affecté(e) en qualité de gardien(ne) de la paix au commissariat de police de Xville, à l'unité de police secours (UPS). Vous exercez en police secours de jour. Vous allez effectuer votre patrouille avec deux collègues (le gardien de la paix LEJAUNE et le gardien de la paix LEBLEU) à bord d'un véhicule de police dont l'indicatif radio est TV 00 Alpha. Le centre d'information et de commandement répond à l'indicatif radio TN 00.

Il est 15 h 00 lorsque, lors de votre patrouille, vous percevez un message radio de votre centre d'information et de commandement vous signalant la présence d'une jeune femme au comportement « suspect » au niveau du pont de la violette. Ce pont surplombe d'une vingtaine de mètres un boulevard à quatre voies et est tristement connu pour avoir été le théâtre de plusieurs suicides de personnes qui se sont jetées dans le vide.

Vous arrivez sur place et vous constatez qu'une femme sanglotante est appuyée contre le parapet, elle regarde en bas avec insistance en se penchant.

Alors que vous vous approchez, elle vous aperçoit et enjambe immédiatement le parapet en hurlant « N'approchez pas, je vais me foutre en l'air ».

Vous répondrez aux questions suivantes en vous aidant des documents fournis.

Dans cette situation, comment mèneriez-vous votre intervention ? Détaillez et argumentez votre réponse.

Cas pratique n° 5 (noté sur 10 points)

Situation

Vous êtes affecté(e) en qualité de gardien(ne) de la paix au commissariat de police de Xville, à l'unité de police secours (UPS). Vous exercez en police secours de jour. Vous allez effectuer votre patrouille à bord d'un véhicule de police dont l'indicatif radio est TV 00 Alpha. Le centre d'information et de commandement répond à l'indicatif radio TN 00.
Vous êtes le conducteur du véhicule de police et vous êtes accompagné(e) du gardien de la paix LEMAUVE et de l'adjoint de sécurité LEVERT.
Lors de votre patrouille en centre-ville, votre collègue LEMAUVE vous demande soudainement de stopper le véhicule.
Il descend rapidement sans donner de raison.
Vous constatez qu'il se dirige à la terrasse d'un bar où se trouvent les membres de l'équipe locale de rugby qui fêtent leur victoire de champion de France.
Vous connaissez sa passion pour ce sport et cette équipe pour en avoir déjà discuté avec lui.
Vous apercevez votre collègue qui parlemente quelques instants avec les joueurs et revient au véhicule avec eux.
Il vous explique qu'il veut faire des selfies avec les joueurs devant la voiture de patrouille et vous invite, l'adjoint de sécurité LEVERT et vous-même, à vous joindre à eux.

Vous répondrez aux questions suivantes en vous aidant des documents fournis.

Dans cette situation, que faites-vous ? Détaillez et justifiez votre réponse.

Pensez-vous que les réseaux sociaux peuvent représenter un danger pour les policiers ? Argumentez votre réponse.

Dossier documentaire

Extraits note de service relative à la doctrine fixant l'organisation des centres d'information et de commandement des services de sécurité publique du 27 juin 2011

Le centre d'information et de commandement (CIC ou « salle radio ») est à la fois :
- un centre opérationnel départemental qui met en œuvre les instructions du directeur départemental de la sécurité publique dans les domaines de l'ordre public, la circulation routière, la police administrative et la police judiciaire ;
- un instrument de pilotage centralisé de la police d'intervention d'urgence, du maintien de l'ordre public, de la police de prévention et de la police d'investigation, de la police administrative et judiciaire et de la remontée des informations auprès des autorités hiérarchiques ;
- un centre de recueil et de traitement de l'ensemble des appels d'urgences : il doit faire face à un nombre croissant d'appels quotidiens et apporter une réponse optimale aux demandes légitimes du public.

Le CIC sert :
- les autorités policières ;
- les partenaires institutionnalisés du CIC sur place ;
- le public (appels 17 police secours et interventions).

En agissant sur :
- la connaissance du déroulement des interventions/événements ;
- la connaissance de la situation des différentes ressources.

Dans le but de :
- réagir simultanément à un ou plusieurs événements donnés ;
- pouvoir commander en temps réel toutes les unités opérationnelles disponibles ;
- pouvoir assister en temps réel aussi bien les unités opérationnelles que le public ;
- pouvoir coordonner et contrôler les interventions/événements ;
- informer les autorités décisionnelles et éclairer leur prise de décision ;
- prêter assistance à d'autres services de police en cas de besoin.

Le CIC doit avoir la connaissance en temps réel de la globalité des missions et de la situation sur le terrain.

La gestion de l'urgence

C'est la mission prioritaire du CIC.
L'opérateur radio traitera les informations au vu de celles qu'il aura reçues.

Des outils d'aide à la décision peuvent dans une certaine mesure aider l'opérateur à gérer des opérations multiples. La coordination des centres d'urgence de la police, des pompiers et des ambulances peut être assurée par des moyens radios et téléphoniques.

Le pilotage opérationnel

Dans le cadre de ses missions de commandement le CIC anime les réseaux radio et assure à tout instant un rôle de coordination et d'assistance de toutes les unités opérationnelles...
Le CIC doit être en relation permanente avec toute personne, toute autorité susceptible de prendre une décision sur une affaire en cours : réception et transmission d'ordres, transmission d'informations de situation.
Le CIC centralise l'ensemble des informations à caractère opérationnel que doivent lui fournir en temps opportun toutes les autorités centrales et locales, l'ensemble des unités œuvrant tant en civil qu'en tenue et les autres services partenaires notamment ceux de sécurité et de secours (SAMU, COG, SDIS...). Le CIC doit prendre en compte ces informations d'un point de vue opérationnel et les communiquer en temps réel aux autorités et aux services concernés, tant internes qu'externes.
Les effectifs engagés sur une mission par le CIC sont tenus de rendre compte sans délai par radio en priorité, ou par téléphone en cas de nécessité, de l'évolution de la situation (prise en compte de la mission, arrivée sur les lieux, fin de la mission...).

Brochure « Les bons réflexes contre les cambriolages », ministère de l'Intérieur

Au quotidien

Protégez les accès
Équipez votre porte d'un système de fermeture fiable, d'un moyen de contrôle visuel [œilleton], d'un entrebâilleur.
Installez des équipements adaptés et agréés [volets, grilles, éclairage programmé, détecteur de présence, systèmes d'alarme]. Demandez conseil à un professionnel.
Soyez prévoyant
Photographiez vos objets de valeur. En cas de vol, vos clichés faciliteront à la fois les recherches menées par les forces de l'ordre et de l'indemnisation faite par votre assureur.
Notez le numéro de série et la référence des matériels et biens de valeur. Conservez vos factures.
Soyez vigilants
Changez les serrures de votre domicile si vous venez d'y emménager ou si vous venez de perdre vos clés.

Fermez la porte à double tour, même lorsque vous êtes chez vous.
Faites attention à tous les accès. Ne laissez pas de clé sur la serrure intérieure d'une porte vitrée.

Lisez attentivement votre contrat d'assurance habitation. Il mentionne les événements pour lesquels vous êtes couverts et les mesures de protection à respecter. Prenez contact avec votre assureur pour toute question.

Avant de laisser quelqu'un entrer chez vous, assurez-vous de son identité. En cas de doute, même si des cartes professionnelles vous sont présentées, appelez le service ou la société dont vos interlocuteurs se réclament.
Ne laissez jamais une personne inconnue seule dans une pièce de votre domicile.
Placez en lieu sûr vos bijoux, carte de crédit, sac à main et clés de voiture. Ne laissez pas d'objets de valeur visibles à travers les fenêtres.
Si vous possédez un coffre-fort, il ne doit pas être apparent.
Signalez au commissariat de police ou à la brigade de gendarmerie tout fait suspect pouvant indiquer qu'un cambriolage se prépare.

Ne commettez pas d'imprudence

N'inscrivez pas vos nom et adresse sur votre trousseau de clés.
Ne laissez pas vos clés sous le paillasson, dans la boîte aux lettres, dans le pot de fleurs... Confiez-les plutôt à une personne de confiance.
De nuit, en période estivale, évitez de laisser les fenêtres ouvertes, surtout si elles sont accessibles depuis la voie publique.
Ne laissez pas dans le jardin une échelle, des outils, un échafaudage ; ils offrent des moyens d'entrer chez vous.

Afin de renforcer la vigilance dans votre quartier et de diminuer les risques de cambriolages, vous pouvez demander la mise en œuvre du dispositif de participation citoyenne. Il met en relations élus, forces de l'ordre et habitants d'un quartier, dans l'objectif d'un maillage solidaire entre voisins. Contactez votre maire, pivot du dispositif.

Des conseils personnalisés pour rendre votre domicile plus sûr ? Rendez-vous à votre commissariat ou brigade de gendarmerie pour contacter le correspondant sûreté.

Avant de partir en vacances

Informez votre entourage de votre départ [famille, ami, voisin, gardien...]
Faites suivre votre courrier ou faites-le relever par une personne de confiance : une boîte aux lettres débordant de plis révèle une longue absence.
Transférez vos appels sur votre téléphone portable ou sur une autre ligne.

Votre domicile doit paraître habité tout en restant sécurisé. Créez l'illusion d'une présence, à l'aide d'un programmateur pour la lumière, la télévision, la radio...

Ne diffusez pas vos dates de vacances sur les réseaux sociaux et veillez à ce que vos enfants fassent de même. Il est déconseillé de publier vos photos de vacances. Toutes ces informations facilitent l'action des cambrioleurs.

Opération tranquillité vacances

Vous partez en vacances ?

Signalez votre absence au commissariat de police ou à la brigade de gendarmerie. Dans le cadre de leurs missions quotidiennes, les forces de sécurité pourront surveiller votre domicile.

Renseignements et formulaires de demande disponibles sur place et sur internet :

- si vous habitez Paris ou la petite couronne [Hauts-de-Seine, Seine-Saint-Denis, Val-de-Marne], rendez-vous sur www.prefecturedepolice.paris > Rubrique Vous aider ;
- si vous habitez hors Paris et de la petite couronne, rendez-vous sur www.interieur.gouv.fr > Rubrique Ma sécurité > Conseils pratiques.

Extrait du code de déontologie de la police nationale et de la gendarmerie nationale

Chapitre II

Article R. 434-9 - Probité

Le policier ou le gendarme exerce ses fonctions avec probité.

Il ne se prévaut pas de sa qualité pour en tirer un avantage personnel et n'utilise pas à des fins étrangères à sa mission les informations dont il a connaissance dans le cadre de ses fonctions.

Il n'accepte aucun avantage ni aucun présent directement ou indirectement lié à ses fonctions ou qu'il se verrait proposer au motif, réel ou supposé, d'une décision prise ou dans l'espoir d'une décision à prendre.

Il n'accorde aucun avantage pour des raisons d'ordre privé.

Site internet www.interieur.gouv.fr - police de sécurité du quotidien (extraits)

Une police et une gendarmerie partenariales

10 février 2018

La sécurité n'est pas seulement l'affaire des 250 000 policiers et gendarmes présents sur l'ensemble du territoire.

D'autres acteurs comme les policiers municipaux, les agents de sécurité des sociétés de transport, les agents de sécurité privée et les élus sont également concernés par ces questions.

Une meilleure coopération avec les élus

À partir de février 2018, l'ensemble des 35 400 maires de France va être contacté pour élaborer avec chacun d'entre eux une nouvelle stratégie de sécurité sur leur commune, notamment les 117 maires ayant demandé l'expérimentation de la police de sécurité du quotidien.

Dans le cadre de la police de sécurité du quotidien, l'accent sera également mis sur la professionnalisation des policiers municipaux et une collaboration plus importante entre ces derniers et les gendarmes et policiers nationaux, ainsi que sur le développement des systèmes de vidéo-protection.

Sensibiliser la population aux questions de sécurité

Des actions de sensibilisation seront également menées vers la population. Les interventions dans les écoles seront généralisées, de même que les interventions de policiers et de gendarmes dans le cadre du futur service national universel, destiné aux jeunes.

La population sera également appelée à devenir un acteur à part entière de la sécurité. En effet, des initiatives de vigilance citoyenne seront développées sur l'ensemble du territoire, avec la mise en place notamment de référents proximité dans chaque commissariat ou brigade de gendarmerie, mais aussi avec la nomination d'un référent sécurité dans chaque conseil de quartier et conseil citoyen.

Extrait d'un article du journal *Normandie Actu* – Des centaines de pneus crevés au Havre : deux hommes interpellés, les victimes appelées à se manifester

Dans la nuit du lundi 4 au mardi 5 janvier 2017, la police du Havre a interpellé deux jeunes hommes, soupçonnés d'avoir crevé des pneus de voiture. 54 véhicules ont été dégradés.

Deux jours après avoir identifié près de 70 véhicules dégradés entre Le Havre et Sainte-Adresse (Seine-Maritime), la police du Havre a interpellé, dans la nuit du lundi 4 au mardi 5 janvier, deux jeunes hommes de 19 et 22 ans, repérés alors qu'ils crevaient des pneus, rue Washington.

En une nuit, 54 nouveaux véhicules ont été dégradés.

Deux suspects repérés par un riverain

C'est un riverain qui a contacté les forces de l'ordre, vers 4 h 00 du matin. Il a indiqué avoir vu deux individus en train de crever des pneus, avant de prendre la fuite dans une rue voisine. Rapidement mobilisés, les policiers ont interpellé deux jeunes hommes, munis respectivement d'un couteau et d'un tournevis pour l'un, et d'un autre couteau pour le second.

« Ces deux individus ont été placés en garde à vue, mais ne disent pas grand-chose sur les faits », précise une source judiciaire à *Normandie-actu*.

Et d'ajouter :

« Les policiers sur place ont tenté de reconstituer le trajet des deux individus, et ont relevé 54 véhicules dégradés, ayant un ou plusieurs pneus crevés, entre les rues de l'Observatoire et de Crillon ».

Des dégradations en série

Durant leurs auditions, les deux individus ont finalement reconnu être les auteurs des autres cas de dégradations, relevés au Havre et à Saint-Adresse, en début d'année, en deux nuits.

La notion de flagrant délit
Extrait de l'article 53 du code de procédure pénale

Est qualifié crime ou délit flagrant le crime ou le délit qui se commet actuellement, ou qui vient de se commettre. Il y a aussi crime ou délit flagrant lorsque, dans un temps très voisin de l'action, la personne soupçonnée est poursuivie par la clameur publique, ou est trouvée en possession d'objets, ou présente des traces ou indices, laissant penser qu'elle a participé au crime ou au délit.

La flagrance proprement dite

« *Est qualifié crime ou délit flagrant, le crime ou le délit qui se commet actuellement* ». Dans certaines situations, la commission de l'infraction peut être perçue sans ambiguïté.

C'est notamment le cas du voleur vu par le policier en train de s'emparer de la chose d'autrui ou du cambrioleur surpris en action. Dans ces situations, la flagrance de l'infraction est évidente.

L'enquête de police sur infraction flagrante

L'enquête sur infraction flagrante donne aux agents de police judiciaire des pouvoirs élargis portant atteinte aux libertés individuelles. Elle suppose la commission d'infractions assez graves pour lesquelles il convient d'agir vite afin de recueillir les preuves encore évidentes de l'infraction.

L'enquête sur infraction flagrante s'applique aux crimes (art. 53 C.P.P.) ou aux délits punis par la loi d'une peine d'emprisonnement (art. 67 C.P.P.).

À contrario, elle n'est pas possible en cas de contraventions ou de délits punis simplement d'amendes.

Les éléments constitutifs de l'infraction de « Destruction, dégradation et détérioration ne présentant pas un danger pour les personnes et entraînant un dommage important. »

1/ Élément Légal

Extrait de l'article 322-1 du code pénal

La destruction, la dégradation ou la détérioration d'un bien appartenant à autrui est punie de deux ans d'emprisonnement et de 30 000 euros d'amende, sauf s'il n'en est résulté qu'un dommage léger.

II/ Élément matériel

Nécessité d'une atteinte matérielle

En ne précisant pas les moyens employés, le législateur a envisagé que n'importe quel moyen puisse être utilisé (sauf l'incendie, l'utilisation de substances explosives).

Sur un bien appartenant à autrui

Le bien endommagé ou détruit doit appartenir à une autre personne que l'auteur de l'acte de destruction.

Entraînant un dommage important

L'art. 322-1 du C.P. vise trois formes de résultats : la destruction, la dégradation et la détérioration.

- La destruction

Il s'agit de l'acte le plus grave. Le bien visé est rendu inapte à rendre les services qu'on en attend.

Elle peut être totale ou partielle, le résultat doit être de rendre le bien impropre à l'usage auquel il était destiné (emploi de désherbant pour anéantir une culture, démolition des vitres, portes, fenêtres, tuiles d'une maison, etc.).

- La dégradation

Il s'agit des dommages qui diminuent les qualités du bien, sans que ceux-ci le rendent inutilisable (arracher des essuie-glaces d'une automobile, crever des pneumatiques, briser un carreau de fenêtre, etc.).

- La détérioration

Elle désigne des actes moins graves. Le bien visé perd de sa valeur mais après réparation reste apte à remplir le rôle qu'on attend de lui (bris d'une pièce d'une machine réparable, etc.).

III/ Élément moral

Volonté de l'auteur : l'auteur doit avoir agi sciemment et volontairement, sachant ne pas être propriétaire du bien et n'avoir aucun droit de disposition.

Articles extraits du code de procédure pénale et du code de la sécurité intérieure
Extrait de l'article 73 du code de procédure pénale

Dans les cas de crime flagrant ou de délit flagrant puni d'une peine d'emprisonnement, toute personne a qualité pour en appréhender l'auteur et le conduire devant l'officier de police judiciaire le plus proche.

Article 803 du code de procédure pénale

Nul ne peut être soumis au port des menottes ou des entraves que s'il est considéré soit comme dangereux pour autrui ou pour lui-même, soit comme susceptible de tenter de prendre la fuite.

Dans ces deux hypothèses, toutes mesures utiles doivent être prises, dans les conditions compatibles avec les exigences de sécurité, pour éviter qu'une personne menottée ou entravée soit photographiée ou fasse l'objet d'un enregistrement audiovisuel.

Article R. 434-17 du code de la sécurité intérieure

Toute personne appréhendée est placée sous la protection des policiers ou des gendarmes et préservée de toute forme de violence et de tout traitement inhumain ou dégradant.

Le policier ou le gendarme ayant la garde d'une personne appréhendée est attentif à son état physique et psychologique et prend toutes les mesures possibles pour préserver la vie, la santé et la dignité de cette personne.

L'utilisation du port des menottes ou des entraves n'est justifiée que lorsque la personne appréhendée est considérée soit comme dangereuse pour autrui ou pour elle-même, soit comme susceptible de tenter de s'enfuir.

Code de déontologie de la police nationale et de la gendarmerie nationale

Article R. 434-4

I. L'autorité investie du pouvoir hiérarchique prend des décisions, donne des ordres et les fait appliquer. Elle veille à ce que ses instructions soient précises et apporte à ceux qui sont chargés de les exécuter toutes informations pertinentes nécessaires à leur compréhension.

L'autorité hiérarchique assume la responsabilité des ordres donnés. Ordres et instructions parviennent à leurs destinataires par la voie hiérarchique. Si l'urgence impose une transmission directe, la hiérarchie intermédiaire en est informée sans délai.

II. Le policier ou le gendarme porte sans délai à la connaissance de l'autorité hiérarchique tout fait survenu à l'occasion ou en dehors du service, ayant entraîné ou susceptible d'entraîner sa convocation par une autorité de police, juridictionnelle, ou de contrôle.

Article R. 434-5

I. Le policier ou le gendarme exécute loyalement et fidèlement les instructions et obéit de même aux ordres qu'il reçoit de l'autorité investie du pouvoir hiérarchique, sauf dans le cas où l'ordre donné est manifestement illégal et de nature à compromettre gravement un intérêt public.

S'il pense être confronté à un tel ordre, il fait part de ses objections à l'autorité qui le lui a donné, ou, à défaut, à la première autorité qu'il a la possibilité de joindre, en mentionnant expressément le caractère d'illégalité manifeste qu'il lui attribue.

Si, malgré ses objections, l'ordre est maintenu, il peut en demander la confirmation écrite lorsque les circonstances le permettent. Il a droit à ce qu'il soit pris acte de son opposition. Même si le policier ou le gendarme reçoit la confirmation écrite demandée et s'il exécute l'ordre, l'ordre écrit ne l'exonère pas de sa responsabilité. L'invocation à tort d'un motif d'illégalité manifeste pour ne pas exécuter un ordre régulièrement donné expose le subordonné à ce que sa responsabilité soit engagée. Dans l'exécution d'un ordre, la responsabilité du subordonné n'exonère pas l'auteur de l'ordre de sa propre responsabilité.

II. Le policier ou le gendarme rend compte à l'autorité investie du pouvoir hiérarchique de l'exécution des ordres reçus ou, le cas échéant, des raisons de leur inexécution. Dans les actes qu'il rédige, les faits ou événements sont relatés avec fidélité et précision.

Article R. 434-10

Le policier ou le gendarme fait, dans l'exercice de ses fonctions, preuve de discernement.

Il tient compte en toutes circonstances de la nature des risques et menaces de chaque situation à laquelle il est confronté et des délais qu'il a pour agir, pour choisir la meilleure réponse légale à lui apporter.

Article extrait du code pénal

Article 433-5 du code pénal

Constituent un outrage puni de 7 500 euros d'amende les paroles, gestes ou menaces, les écrits ou images de toute nature non rendus publics ou l'envoi d'objets quelconques adressés à une personne chargée d'une mission de service public, dans l'exercice ou à l'occasion de l'exercice de sa mission, et de nature à porter atteinte à sa dignité ou au respect dû à la fonction dont elle est investie.

Lorsqu'il est adressé à une personne dépositaire de l'autorité publique, l'outrage est puni d'un an d'emprisonnement et de 15 000 euros d'amende.

Lorsqu'il est adressé à une personne chargée d'une mission de service public et que les faits ont été commis à l'intérieur d'un établissement scolaire ou éducatif, ou, à l'occasion des entrées ou sorties des élèves, aux abords d'un tel établissement, l'outrage est puni de six mois d'emprisonnement et de 7 500 euros d'amende.

Lorsqu'il est commis en réunion, l'outrage prévu au premier alinéa est puni de six mois d'emprisonnement et de 7 500 euros d'amende, et l'outrage prévu au deuxième alinéa est puni de deux ans d'emprisonnement et de 30 000 euros d'amende.

Définitions

- Les personnes chargées d'une mission de service public

Est chargé d'une mission de service public celui qui accomplit « *à titre temporaire ou permanent, volontairement ou sur réquisition des autorités, un service public quelconque* ».

Il réalise ou participe à une mission d'intérêt général, sans avoir reçu de pouvoir de décision ou de commandement. Il peut s'agir par exemple du serrurier requis par l'O.P.J.

- Les personnes dépositaires de l'autorité publique

Est dépositaire de l'autorité publique celui qui a « *un pouvoir de décision fondé sur la parcelle de l'autorité publique que lui confèrent ses fonctions, qu'il soit fonctionnaire au sens strict, militaire, magistrat, officier public ou ministériel* ».

Sont notamment concernés les policiers, les militaires de la gendarmerie, les douaniers, les huissiers de justice, les commissaires-priseurs et les fonctionnaires des eaux et forêts.

Extrait d'article de presse

Article site internet www.lest-eclair.fr (mis en ligne le 18/11/2019) – Troyes : elle saute dans le bassin de la préfecture, un policier se jette à l'eau pour la sauver

Une femme d'une quarantaine d'années a sauté volontairement dans le canal côté préfecture. Elle a été sauvée par un policier municipal et un pompier.

Ce lundi vers 16 h 45, les sapeurs-pompiers sont intervenus pour prendre en charge une personne qui était dans le bassin de la préfecture de l'Aube, à Troyes.

Un peu plus tôt, un passant arrête une voiture de la police municipale pour signaler qu'une personne s'est jetée dans le canal, plus précisément depuis l'angle du bassin de la préfecture, quai du Comte-Henri. Un policier municipal se jette alors à l'eau pour secourir la victime restée à la surface.

Selon nos informations, la femme de 40 ans a volontairement sauté. Arrivé sur place, un des sapeurs-pompiers, en tenue de plongeur, saute à son tour. Avec leurs collègues, ils parviennent à hisser hors de l'eau cette femme de 40 ans.

Elle sera prise en charge entre le bar-restaurant La Barge et les sculptures du canal.

Selon les premiers éléments, la victime serait originaire de Troyes. Frigorifiée mais consciente, elle a été prise en charge par les sapeurs-pompiers et les équipes du Samu, puis transportée au centre hospitalier de Troyes. Ses jours ne sont pas en danger.

À 17 h, les secours étaient toujours sur place avec la police nationale et municipale. Ils ont quitté les lieux vers 17 h 30.

« Elle a quand même passé une bonne minute dans l'eau, raconte un témoin. Je ne sais pas si c'est une véritable tentative de suicide, mais cela ressemble à un bon appel au secours ».

Si les raisons de son geste ne sont pas connues, l'audition de la victime et l'exploitation des images de vidéosurveillance devraient permettre d'en savoir davantage.

Ce n'est pas la première fois qu'une personne tombe dans le bassin de la préfecture. Une policière a déjà sauté à cet endroit pour sauver une personne tombée à l'eau.

Extrait d'article du site internet www.midilibre.fr (mis en ligne le 12/11/2019) – Millau : deux gendarmes de peloton motorisé décorés pour acte de courage et dévouement

Dans le cadre des cérémonies du 11 novembre, deux gendarmes du peloton motorisé de Millau ont été décorés par la préfète.
Ce lundi, à l'occasion de la cérémonie de célébration du 101e anniversaire de l'armistice du 11 novembre 1918 à Rodez, la préfète de l'Aveyron a remis la médaille de bronze d'honneur pour acte de courage et de dévouement à deux gendarmes du peloton motorisé de Millau.
En effet, le 6 août, ces deux militaires sont intervenus sur l'autoroute A75 (commune de Verrières) pour porter secours à une personne suicidaire, résolue à se jeter du haut d'un viaduc. Arrivant depuis le sens de circulation opposé, ils n'ont pas hésité, dans l'urgence et malgré le danger, à traverser à pied l'autoroute pour empêcher l'issue tragique. Cette distinction bien méritée vient souligner le courage et le sang-froid remarquables dont ont fait preuve ces deux gendarmes, et qui font honneur au groupement de gendarmerie départementale de l'Aveyron.

Articles extraits du code de la sécurité intérieure (code de déontologie de la police nationale et de la gendarmerie nationale)

Article R. 434-2 - Cadre général de l'action de la police nationale et de la gendarmerie nationale
Placées sous l'autorité du ministre de l'intérieur pour l'accomplissement des missions de sécurité intérieure et agissant dans le respect des règles du Code de procédure pénale en matière judiciaire, la police nationale et la gendarmerie nationale ont pour mission d'assurer la défense des institutions et des intérêts nationaux, le respect des lois, le maintien de la paix et de l'ordre publics, la protection des personnes et des biens.
Au service des institutions républicaines et de la population, policiers et gendarmes exercent leurs fonctions avec loyauté, sens de l'honneur et dévouement.
Dans l'accomplissement de leurs missions de sécurité intérieure, la police nationale, force à statut civil, et la gendarmerie nationale, force armée, sont soumises à des règles déontologiques communes et à des règles propres à chacune d'elles. Ces dernières sont précisées au titre III du présent décret.
Article R. 434-10 - Discernement
Le policier ou le gendarme fait, dans l'exercice de ses fonctions, preuve de discernement.
Il tient compte en toutes circonstances de la nature des risques et menaces de chaque situation à laquelle il est confronté et des délais qu'il a pour agir, pour choisir la meilleure réponse légale à lui apporter.

Article R. 434-19 - Assistance aux personnes

Lorsque les circonstances le requièrent, le policier ou le gendarme, même lorsqu'il n'est pas en service, intervient de sa propre initiative, avec les moyens dont il dispose, notamment pour porter assistance aux personnes en danger.

Article R. 434-20 - Aide aux victimes

Sans se départir de son impartialité, le policier ou le gendarme accorde une attention particulière aux victimes et veille à la qualité de leur prise en charge tout au long de la procédure les concernant. Il garantit la confidentialité de leurs propos et déclarations.

Article R. 434-27 - Sanction des manquements déontologiques

Tout manquement du policier ou du gendarme aux règles et principes définis par le présent Code l'expose à une sanction disciplinaire en application des règles propres à son statut, indépendamment des sanctions pénales encourues le cas échéant.

Extraits d'un article de presse du site internet www.bfmtv.com – Les policiers appelés à la discrétion sur les réseaux sociaux – publié le 19/11/2020

Les autorités françaises ont récemment rappelé les policiers à leur obligation de discrétion et au respect du secret professionnel lorsqu'ils utilisent des réseaux sociaux comme Facebook ou Twitter.

Dans une note de service, le directeur de la police nationale explique que les données personnelles qui y figurent les exposent à des actions de malveillance du fait même de leur profession.

Il rappelle que les contenus postés ne doivent porter atteinte en rien à la réputation de la police et que tout manquement à la déontologie est « passible de poursuites pénales et disciplinaires ».

Le « patron » de la police invite les policiers ayant accès à des données classifiées ou bénéficiant d'une habilitation « secret défense » à être encore plus vigilants.

Dans un communiqué, un syndicat de police se félicite de cette initiative tout en soulignant l'intérêt social de tels réseaux pour les policiers, qui les utilisent souvent comme des soupapes pour évacuer la pression.

Il arrive souvent que les policiers, leurs conjoints et leurs enfants, soient l'objet de la vindicte de malfaisants, dès lors que sont connus leur qualité, leur nom ou leur adresse personnelle.

Articles extraits du code de la sécurité intérieure (code de déontologie de la police nationale et de la gendarmerie nationale)

Article R. 434-12 - Crédit et renom de la police nationale et de la gendarmerie nationale

Le policier ou le gendarme ne se départ de sa dignité en aucune circonstance.

En tout temps, dans ou en dehors du service, y compris lorsqu'il s'exprime à travers les réseaux de communication électronique sociaux, il s'abstient de tout acte, propos ou comportement de nature à nuire à la considération portée à la police nationale et à la gendarmerie nationale. Il veille à ne porter, par la nature de ses relations, aucune atteinte à leur crédit ou à leur réputation.

Article R. 434-29 - Devoir de réserve

Le policier est tenu à l'obligation de neutralité.

Il s'abstient, dans l'exercice de ses fonctions, de toute expression ou manifestation de ses convictions religieuses, politiques ou philosophiques.

Lorsqu'il n'est pas en service, il s'exprime librement dans les limites imposées par le devoir de réserve et par la loyauté à l'égard des institutions de la République.

Dans les mêmes limites, les représentants du personnel bénéficient, dans le cadre de leur mandat, d'une plus grande liberté d'expression.

Corrigé

Cas pratique n° 1 (noté sur 10 points)

Face à cette situation, que faites-vous ? Argumentez votre réponse.

Il n'est pas possible pour un policier d'accepter un cadeau de qui que ce soit, même dans le cas d'une victime ayant la joie de retrouver un bijou à forte valeur sentimentale. Cette interdiction est notamment rappelée par l'article R. 434-9 du code de déontologie de la police nationale.

D'une manière générale, un policier ne peut recevoir aucun avantage, matériel ou immatériel, découlant de l'exercice de ses missions.

Par conséquent, dans le cas présent, je redonnerai tout de suite son enveloppe à M. DUBIEN. Tout en restant très poli, je lui indiquerai que je ne peux absolument pas recevoir de cadeau dans l'exercice de mon métier et, en l'espèce, je n'ai fait que mon devoir.

J'informerai ma hiérarchie de la proposition de M. DUBIEN et du refus que je lui ai opposé.

Quelles solutions peuvent être mises en œuvre pour remédier au sentiment d'insécurité de M. DUBIEN ?

La police nationale pourrait notamment réaliser des actions de prévention et de communication auprès des habitants du quartier. Il existe ainsi plusieurs mesures de protection : équipements adaptés, changements de serrure, vérification de l'identité des personnes souhaitant rentrer au domicile, qui ne sont pas toujours connues et mises en place. De même, la vigilance des voisins et des mesures simples lors des départs en vacances permettent de prévenir de nombreux cambriolages.

D'une manière générale, la mairie et les comités de quartiers peuvent se faire l'écho auprès de la police nationale de leurs préoccupations afin de pouvoir recevoir une information adaptée et orienter utilement l'action de sécurisation des forces de l'ordre.

Enfin, dans son cœur de métier, la police nationale, aux côtés de la police municipale, peut réaliser des patrouilles dissuasives pour les cambrioleurs potentiels et rassurantes pour les habitants dans les secteurs les plus concernés par ce sentiment d'insécurité.

Cas pratique n° 2 (noté sur 10 points)

Une intervention est-elle justifiée dans le cas présent ? Argumentez votre réponse. Face à cette situation, que faites-vous concrètement ?

Dans le cas présent, l'intervention de la police nationale est totalement justifiée. En effet, le fait de crever les pneus d'une voiture avec un couteau est constitutif d'un délit.
De manière concrète, dès la vue de l'acte de l'individu, nous informons TN 00 que nous avons vu un homme crever le pneu d'une voiture en stationnement à l'aide d'un couteau. Nous mentionnons également quel est le signalement physique et vestimentaire de l'individu, ainsi que sa direction de fuite pédestre.
Dans le même temps, nous poursuivons l'individu et nous annonçons cette poursuite à TN 00. Puisqu'il tient un couteau à la main et qu'il s'est enfui dans une rue sombre, nous devons nous montrer très attentifs à notre sécurité. Nous nous efforçons de vérifier qu'il n'est pas dissimulé dans un recoin sombre de la rue ou derrière un abri.

Vous parvenez à rattraper l'individu. Quelles actions mettez-vous en œuvre ?

Puisque nous avons vu l'individu crever le pneu de la voiture, nous sommes bien dans le cadre juridique du flagrant délit. En effet, l'acte commis par l'individu correspond bien à la définition légale de la dégradation de bien privée prévue par l'article 322-1 du code pénal.

Nous pouvons donc procéder à l'interpellation de l'individu.

L'individu sera interpellé, en application de l'article 73 du code de procédure pénale, pour être présenté à l'officier de police judiciaire de permanence en vue d'un placement potentiel en garde à vue. Par mesure de sécurité, l'individu fera l'objet d'une palpation de sécurité afin de récupérer le couteau et sera menotté compte tenu de sa capacité à prendre la fuite (en application de l'article 803 du code de procédure pénale).

Nous informons TN 00 de l'interpellation de l'individu, en prenant soin d'indiquer le lieu précis où nous nous trouvons afin qu'un véhicule de police puisse venir à notre rencontre afin de transporter l'individu devant l'officier de police judiciaire présent au commissariat.

Cas pratique n° 3 (10 points)

Laissez-vous entrer Monsieur A. DURAND ? Justifiez votre réponse.

La mission qui est mienne correspond à l'exécution des instructions hiérarchiques reçues dans le cadre d'un service d'ordre pour une visite ministérielle. Je dois l'exécuter de manière rigoureuse et en fonction de l'intérêt général. Les seules exceptions que je pourrais autoriser s'agissant de la fermeture de l'accès à cette porte seraient les suivantes : intervention d'un véhicule d'urgence (sapeurs-pompiers, SAMU, police...) et autorisation donnée par ma hiérarchie, or celle-ci ne peut pas être jointe.

Dans le cas présent, celui du besoin strictement privé d'un chef d'entreprise, l'autorisation ne doit pas lui être accordée. Je serai donc amené à opposer un refus à cette demande. Je me montrerai courtois envers cette personne. Je lui expliquerai que, compte tenu de ma mission, des ordres reçus et de la mise en place du service d'ordre, je ne peux lui autoriser le passage, à l'instar de l'ensemble de la population.

Monsieur A. DURAND, très agacé, finit par quitter les lieux, après vous avoir adressé un bras d'honneur. Que faites-vous ? Justifiez votre réponse.
Monsieur A. DURAND a-t-il commis une infraction à votre encontre ? Développez votre réponse.

Dans une telle situation, il importe de faire preuve avant tout de discernement et d'agir dans l'intérêt général.

Je dois en effet faire primer l'exécution de ma mission par rapport au fait de réagir au bras d'honneur que m'a adressé Monsieur A. DURAND.

Ce bras d'honneur correspond pénalement au délit d'outrage au sens de l'article 433-5 du code pénal.

Puisque je dispose du relevé d'identité de Monsieur A. DURAND et que ce dernier m'a présenté un document officiel, je vais pouvoir déposer plainte contre lui pour outrage à mon retour au commissariat, une fois ma mission effectuée.

Cas pratique n° 4 (10 points)

Dans cette situation, comment mèneriez-vous votre intervention ? Détaillez et argumentez votre réponse.

Il existe dans cette situation un risque important de suicide de cette jeune femme. *A minima*, le fait qu'elle se penche par-dessus le parapet constitue une situation objective de danger.

Concrètement, j'indiquerai à TN 00 ma position et la situation rencontrée.

D'autre part, en raison notamment du devoir d'assistance aux personnes et aux victimes (articles R. 434-19 et R. 434-20 du code de déontologie de la police nationale), je me rapprocherai tranquillement d'elle. Je lui parlerai calmement, en lui demandant de ne pas se pencher par-dessus le parapet et de s'en éloigner.
Nous nous tenons prêts à pouvoir retenir par la force la jeune femme si elle persistait dans sa volonté de se jeter dans le vide.
Avec mes collègues, nous nous efforcerons de créer un dialogue avec elle et solliciterons, puisque l'intention suicidaire est confirmée, l'intervention d'une équipe médicale afin que cette jeune femme soit prise en charge.

Cas pratique n° 5 (10 points)

Dans cette situation, que faites-vous ? Détaillez et justifiez votre réponse.
Pensez-vous que les réseaux sociaux puissent être un danger pour les policiers ? Argumentez votre réponse.

En effectuant potentiellement, dans la ville où nous sommes affectés, en tenue d'uniforme et en circulant à bord d'un véhicule sérigraphie « Police », des selfies avec une équipe de rugby se trouvant à la terrasse d'un café, nous serions susceptibles de nous voir reprocher de chercher un avantage personnel en tant que policier.
De même, et de manière indiscutable, nous porterions fortement atteinte au crédit de la police nationale en abandonnant notre mission pour accomplir une distraction personnelle à la vue de la population de la commune.
De plus, nous manquerions de respect à notre uniforme en agissant ainsi. Toute la police nationale pâtirait de cette situation.
Un policier, qu'il soit ou non en service, doit faire en sorte de respecter l'image de la police nationale (article R. 434-12 du code de déontologie de la police nationale). Son comportement, professionnel comme privé, se doit d'être exemplaire. À défaut, l'image de la police nationale en pâtirait fortement et il pourrait encourir des sanctions disciplinaires.
Pour toutes ces raisons, j'indiquerai à mon collègue qu'il doit cesser de se comporter ainsi. Sa demande présente un caractère uniquement d'ordre privé.
En agissant ainsi, nous pourrions faire l'objet de sanctions disciplinaires et nous porterions fortement atteinte à l'image de la police nationale dans la ville dans laquelle nous travaillions.
D'autre part, les fonctionnaires de police doivent faire preuve de discrétion professionnelle pour tous les faits, informations ou documents dont ils ont connaissance dans l'exercice ou à l'occasion de l'exercice de leurs fonctions. Ils sont également soumis au devoir de réserve (article R. 434-29 du code de déontologie de la police nationale).

L'utilisation des réseaux sociaux (Facebook, Twitter, Copains d'avant...) ou de blogs doit être compatible avec cette obligation. Indépendamment des risques encourus par la divulgation d'informations personnelles (adresse, famille, amis...), le policier ne doit pas rendre visible des renseignements d'ordre professionnel (opérations en cours, voies d'accès souvent utilisées en intervention, etc.) ni diffuser des photos ou propos de nature à porter atteinte à l'institution.

■ ENTRAÎNEMENT

Épreuve commune aux premier et second concours
Durée : 3 heures
Coefficient : 4
Niveau de difficulté : ★★

Sujet

■ Cas pratique n° 1

Situation

Pour votre premier poste, vous êtes affecté en qualité de gardien de la paix stagiaire au sein du commissariat de Xville, à l'unité d'intervention et de police secours (UIPS) de jour. L'UIPS est placée sous la responsabilité du commandant de police Jean. Votre chef direct est le brigadier-chef Robert. À la prise de service, le brigadier-chef Robert vous informe que vous ne patrouillerez pas aujourd'hui mais que vous serez employé à l'accueil du commissariat pour faire face à l'absence de l'agent dédié à cette fonction.

Vous répondrez aux questions suivantes en vous aidant des documents fournis.

Comment réagissez-vous à l'annonce de votre chef de brigade ? Pourquoi ?
Vous êtes affectés en police secours. Pensez-vous que cette mission d'accueil vous incombe ? Expliquez votre point de vue.
Que pensez-vous de la mission d'accueil au sein d'un commissariat ?
Selon vous, en quoi consiste-t-elle ? À quelles situations pouvez-vous être confronté ?
Quelles qualités vous semblent indispensables pour occuper cette fonction d'accueil ? Pourquoi ?

Cas pratique n° 2

Situation

Il est 16 heures, un véhicule double une voiture de police à très vive allure et percute quelques instants après un piéton engagé sur un passage protégé. Le véhicule a fait une embardée suite à l'accident mais ne s'arrête pas et poursuit sa course folle en direction du nord de la ville. Sur le trottoir, à hauteur du passage protégé, une femme a vu toute la scène et est totalement ébahie par les faits qui viennent de se produire. Elle reste figée sur le trottoir. La victime a été projetée à environ 4 mètres du point d'impact. Elle est au sol et ne bouge pas.

Vous êtes dans ce véhicule de police avec deux collègues. Mais aucun d'entre vous n'a eu le temps de relever l'immatriculation du véhicule. Vous n'avez que les éléments suivants : il s'agit d'une voiture blanche de marque Audi type A3 avec des bandes latérales de couleur orange.

À cette heure de la journée, plusieurs véhicules de police patrouillent dans la ville, il y a également les motards de la police nationale et deux véhicules de la brigade anti-criminalité.

Au final, la victime s'en sortira avec une fracture ouverte au niveau du tibia gauche.

Vous répondrez aux questions suivantes en vous aidant des documents fournis.

À votre avis, que devez-vous faire en priorité ? Détaillez et justifiez votre réponse.

Selon vous, comment doit se dérouler l'intervention de la police nationale ?

Cas pratique n° 3

Situation

Pour votre premier poste, vous êtes affecté en qualité de gardien de la paix stagiaire au commissariat de Xville, à l'unité d'intervention et de police secours (UIPS) de jour. L'UIPS est placée sous la responsabilité du commandant de police Jean. Votre chef de brigade est le brigadier-chef Robert. Vous êtes domicilié dans la commune où se trouve le commissariat. Aujourd'hui, vous êtes de repos et vous avez décidé de faire un footing.
Alors que vous vous accordez une pause, vous assistez à une transaction de produits de stupéfiants (en l'espèce de la résine de cannabis). Cette transaction a lieu place des Tilleuls dans la commune de Xville. Vous identifiez le vendeur. Il s'agit de M. S. Croc, un ami d'enfance. La situation vous surprend car vous vous fréquentez régulièrement et à votre connaissance ce dernier n'a jamais eu de problèmes avec la police ou la justice.

Vous répondrez aux questions suivantes en vous aidant des documents fournis.

Que faites-vous ? Détaillez et justifiez votre réponse.
De votre point de vue, quelle est la gravité des faits ? Sont-ils répréhensibles ? Pourquoi ?
Il s'agit d'un ami d'enfance. Pensez-vous que cela peut changer quelque chose dans votre comportement ? Pourquoi ?
En dix lignes maximum, indiquez quel est votre point de vue sur la légalisation de l'usage de cannabis.

Cas pratique n° 4

Situation

Vous êtes gardien de la paix en patrouille pédestre avec deux de vos collègues dans le cadre de la police de sécurité du quotidien. Vous apercevez un individu pousser au sol une femme enceinte, lui arracher son sac et s'enfuir.
La femme enceinte est immédiatement prise en charge par des commerçants ayant assisté à la scène qui s'est passée très rapidement. La femme enceinte ne semble pas blessée.

Vous répondrez aux questions suivantes en vous aidant des documents fournis.

Face à cette situation, que faites-vous ? Détaillez et justifiez votre réponse.

Cas pratique n° 5

Situation

Vous êtes gardien de la paix en patrouille pédestre avec deux de vos collègues dans le cadre de la police de sécurité du quotidien. Alors que vous discutez avec un commerçant du centre-ville, un passant vous interpelle et vous insulte copieusement. Vous décidez de contrôler l'identité de l'individu. Ce dernier jette sa pièce d'identité au sol et réitère, très énervé, ses insultes.

Vous répondrez aux questions suivantes en vous aidant des documents fournis.

Quelles sont les mesures que vous pourriez être amené à prendre en tant que policier ?
Au regard des objectifs de la police de sécurité du quotidien (PSQ) quel est celui qui vous semble le plus important ? Justifiez votre réponse en dix lignes maximum.

Dossier documentaire

Délit de fuite à Cognac : la police recherche une Clio de couleur bordeaux

Cognac, *le 24 octobre 2017 à 14 h 49*

Un motard de 17 ans a été percuté par une voiture, dimanche, route de Segonzac. Les enquêteurs lancent un appel à témoin.

L'accident a été spectaculaire, mais les dégâts sont relativement limités. Dimanche, vers 16 h 15, un jeune homme à moto a été percuté par une voiture. « On aurait dit qu'il avait fait ça volontairement », témoigne un ami de la victime, qui le suivait à moto. « Pourtant, il n'y avait eu aucun contact avant sur la route qui pourrait expliquer ce geste. C'est assez choquant. Le conducteur est parti sans s'arrêter, alors qu'il a forcément dû voir quelque chose. »

Une embardée du conducteur

Le motard, âgé de 17 ans, est étudiant au centre de formation des apprentis de Cognac. Il circulait sur la D24, sur la route de Segonzac, en direction de Cognac. Un véhicule s'est présenté au niveau des trois amis à moto pour les doubler. Un premier choc a été évité. Mais le jeune apprenti a fait les frais d'une embardée du conducteur, au niveau de la base aérienne. Il a été éjecté de sa moto, vers le ravin du champ voisin. Sa clavicule étant cassée, il a été opéré lundi. Mais personne n'a eu le temps de noter la plaque d'immatriculation.

Les enquêteurs viennent donc de lancer un appel à témoin. Toute personne susceptible d'avoir des informations sur une Clio de couleur bordeaux est priée de contacter le commissariat de Cognac au 05 45 36 38 50.

Quimper. Un accident corporel avec délit de fuite

Ouest-France, *le 8 septembre 2017 à 18 h 16*

Un accident impliquant plusieurs personnes ivres a fait deux blessés, ce vendredi matin en sortie de discothèque à Quimper (Finistère). Blessés, le conducteur d'une des deux voitures et un de ses passagers ont passé la journée à l'hôpital pour des examens de contrôle et des soins. Les deux personnes qui ont pris la fuite ont été rattrapées par les policiers. Ils sont encore en audition au commissariat ce vendredi soir.

Route de Bénodet à Quimper (Finistère), ce vendredi matin vers 6 h 20. À l'heure où les oiseaux de nuit finissent leur soirée et rentrent chez eux, une Peugeot 207 et une Audi A1 se percutent au niveau du rond-point du Président-Sadate. Lorsque les policiers arrivent sur les lieux, deux témoins de l'accident désignent deux personnes en train de prendre la fuite à pied : le conducteur de la 207, âgé d'une trentaine d'années, et un de ses passagers, tous deux ivres.

Course-poursuite pédestre

Après une course-poursuite pédestre, les policiers finissent par les rattraper. Ils étaient toujours en audition, vendredi soir au commissariat. Le conducteur de l'Audi, lui aussi ivre et blessé (douleurs cervicales), comme son passager (douleurs aux genoux), ont été conduits par les sapeurs-pompiers à l'hôpital de Quimper pour des soins.

La police rappelle qu'elle procède chaque semaine à des contrôles renforcés et à des interpellations à ce rond-point, à Creach Gwen et au rond-point d'Ergué-Armel, à la sortie des deux discothèques de Quimper, le Majestic et les Naïades. En particulier la fin de semaine, du jeudi au dimanche.

Vente de stupéfiants : « J'avais une dette, j'ai vendu de la drogue »

www.ladepeche.fr, le 23 février 2018

« C'est certes un petit point de deal, mais son rendement financier est important et sans des petites mains, il n'existerait pas. » Bagatelle est un quartier connu pour abriter des points de deal. C'est un de cela qui a été placé sous surveillance le 18 février, rue du Lot.

Sur place, les policiers ont observé un homme rabattre les acheteurs vers un vendeur qui les servait. Ils ont également observé le rabatteur devenir ravitailleur après avoir récupéré et livré une nouvelle poche de stupéfiants au dealer.

Lors de leur interpellation, 56 g d'herbe et 94 g de résine de cannabis ont été découverts cachés dans une haie.

Les deux jeunes majeurs de 19 ans étaient jugés mercredi en comparution immédiate. À l'audience, le rabatteur déjà condamné pour complicité d'offre ou cession de stupéfiants quand il était mineur conteste une partie des faits : « L'histoire de la poche récupérée a été rajoutée. J'ai juste rabattu quelques clients contre 40 euros. C'était une erreur. » Le vendeur qui s'était vu retirer la veille des faits le bracelet électronique qu'il portait suite à une condamnation pour vente de stupéfiants explique : « J'ai vendu parce qu'on m'y a forcé. J'avais une dette de 80 euros. Si j'avais refusé, j'aurais reçu des coups. J'ai servi une dizaine de clients. Je devais être payé 100 euros. »

Le procureur requiert contre le rabatteur 8 mois de prison et contre le vendeur 12 mois, plus leur maintien en détention. En défense pour le rabatteur, Me Issa déclare : « Il est jeune, il a des projets, ne l'envoyez pas à l'école de la délinquance. » Me Raynaud De Lage quant à lui appelle à ne pas céder aux apparences. Selon lui « il a subi la pression du quartier. » Le tribunal a suivi les réquisitions du procureur. Il les a condamnés à 8 et 12 mois de prison et a ordonné leur maintien en détention.

Légalisation du cannabis. Après le Canada, d'autres pays occidentaux ?

www.ouestfrance.fr, le 17 octobre 2018

Depuis mercredi, les Canadiens peuvent consommer du cannabis à des fins récréatives et en cultiver une petite quantité chez eux. Une première dans un pays occidental, cinq ans après la légalisation décidée par l'Uruguay, pionnier en la matière.

Fumer un joint légalement, c'est désormais possible au Canada. Cette légalisation du cannabis par un pays occidental est un « événement majeur », qui nourrira les débats de nombreux États sur le statut de cette drogue, selon experts et médecins.

Le Premier ministre Justin Trudeau espère inspirer à l'international. « Les alliés auxquels j'al parlé sont intéressés de voir comment ça va se passer [...] avant de se lancer », assurait-il en mai, sans préciser à quels pays il faisait référence.

La légalisation canadienne s'inscrit dans « un mouvement de normalisation outre-Atlantique, où l'on cherche une alternative à la prohibition », observe Ivana Obradovic, directrice adjointe de l'Observatoire français des drogues et des toxicomanies (OFDT).

Légal en Uruguay et dans certains États américains

En 2012, peu avant l'Uruguay, les États américains du Colorado et de Washington ont également autorisé l'usage récréatif du cannabis. Aujourd'hui, ils sont huit États à le faire aux États-Unis, malgré l'opposition fédérale.

Le Canada tente d'éviter les écueils observés chez les pionniers de la légalisation. Il veut instaurer un cadre clair : le cannabis sera vendu dans des magasins spécifiques, ne pourra pas être fumé partout.

En Uruguay, « la santé publique était un vœu pieux, faute de moyens », selon Mme Obradovic. Au Colorado, « le boom du marché a été très rapide. Les produits ont été fortement dosés et certains enfants se sont intoxiqués avec des produits alimentaires contenant du cannabis ».

Un référendum en Nouvelle-Zélande en 2020

« Depuis cinq ans, la régulation du cannabis a plus évolué que lors des trente dernières années », constate Mme Obradovic.

Le Canada investit des millions de dollars dans la prévention et s'est accordé avec ses provinces sur une taxation contenue du cannabis, pour conserver un prix compétitif. Objectif : protéger les jeunes et assécher le marché noir.

L'expérience canadienne alimente les réflexions dans le monde anglo-saxon : le Michigan et le Dakota du Nord doivent se prononcer sur une légalisation complète en novembre, la Nouvelle-Zélande prévoit un référendum en 2020.

L'Europe moins impactée

L'impact sur le Vieux Continent apparaît moins certain, selon Mme Obradovic : « En Europe, les débats tournent surtout autour de la dépénalisation de la possession du cannabis et de la légalisation du cannabis à usage médical. » Sur ce point, Allemagne et Royaume-Uni viennent de franchir le pas.

Précurseurs, les Pays-Bas ont dépénalisé depuis 1976. La France maintient, elle, l'interdiction depuis 1970. Avec 1,4 million d'usagers réguliers, elle est un des plus gros consommateurs européens de cannabis, selon l'OFDT.

« La légalisation canadienne est un événement majeur. Mais la France est encore très éloignée de ces réflexions », regrette le docteur Bernard Basset, vice-président de l'Association nationale de prévention en alcoologie et addictologie (ANPAA). « La prohibition dure depuis 40 ans et s'est accompagnée d'une augmentation de la consommation » en France, rappelle-t-il.

La consommation en hausse après la légalisation ?

La réforme canadienne sera « suivie de près » par la communauté médicale, selon lui. « On va surtout regarder si la consommation augmente. »

En Uruguay, « tous les indicateurs de consommation sont orientés à la hausse, y compris parmi les plus jeunes », notait en 2017 l'Institut national des hautes études de la sécurité et de la justice (INHESJ). Dans l'État de Washington et au Colorado, en revanche, l'autorisation du cannabis récréatif « n'a pas stimulé la consommation » chez les jeunes, mais a provoqué « une hausse des prévalences d'usages de cannabis parmi les adultes ».

Au Canada, les opposants redoutent une banalisation du cannabis et une augmentation des morts sur la route. « La légalisation ne résout pas tous les problèmes, elle est motivée par les coûts du trafic en termes de violences, d'économie souterraine et de santé publique », pointe Renaud Colson, juriste et auteur de plusieurs ouvrages sur les drogues et le droit.

« Si le Canada ne s'effondre pas sur lui-même et réduit son marché noir, le maintien de la prohibition sera de plus en plus difficile à justifier idéologiquement, même dans un pays historiquement réticent comme la France », estime-t-il.

Extrait du site conseil53.ordre.medecin.fr

ITT : incapacité totale de travail

C'est la durée de l'incapacité totale de travail (ITT) qui détermine la juridiction compétente. L'ITT doit être fixée avec rigueur. Il s'agit de l'incapacité totale de tout travail, quel qu'il soit, avec difficulté dans les activités quotidiennes. Elle correspond souvent à la période de repos à la chambre. C'est la durée pendant laquelle une victime éprouve une difficulté à réaliser les actes du quotidien. L'incapacité totale de travail diffère de l'incapacité temporaire totale (ITT des juridictions civiles) ou déficit fonctionnel temporaire total (DFTT) qui, au civil, correspond à la période, indemnisable, pendant laquelle la victime va se trouver empêchée de jouir de ses pleines capacités, et qui correspond le plus souvent à la période d'hospitalisation.

L'ITT n'est pas définie légalement, mais on peut considérer qu'il s'agit du laps de temps pendant lequel la victime ne peut, au plus, que s'occuper d'elle-même, avec gêne notable dans les activités quotidiennes et usuelles notamment : manger, dormir, se laver, s'habiller, sortir pour faire ses courses, se déplacer, jouer (pour un enfant).

C'est donc totalement différent de l'arrêt de travail qui dépend de l'activité exercée. Exemples d'ITT ayant été attribuées (à adapter à la victime) :

- fracture métacarpienne immobilisée sans plâtre : 15 jours ;
- fracture fermée du tibia : 60 jours ;
- fracture du col du fémur : 90 jours ;
- fracture ouverte de membre inférieur : 120 jours.

Extraits du code de procédure pénale

Article 20 extrait

Sont agents de police judiciaire :

[...] 2° Les fonctionnaires des services actifs de la police nationale, titulaires et stagiaires, n'ayant pas la qualité d'officier de police judiciaire ;

Les agents de police judiciaire ont pour mission :

de seconder, dans l'exercice de leurs fonctions, les officiers de police judiciaire ;

de constater les crimes, délits ou contraventions et d'en dresser le procès-verbal ;

de recevoir par procès-verbal les déclarations qui leur sont faites par toutes personnes susceptibles de leur fournir des indices, preuves et renseignements sur les auteurs et complices de ces infractions.
Les agents de police judiciaire n'ont pas qualité pour décider des mesures de garde à vue.

Article 53 extrait
Est qualifié crime ou délit flagrant le crime ou le délit qui se commet actuellement, ou qui vient de se commettre. Il y a aussi crime ou délit flagrant lorsque, dans un temps très voisin de l'action, la personne soupçonnée est poursuivie par la clameur publique, ou est trouvée en possession d'objets, ou présente des traces ou indices, laissant penser qu'elle a participé au crime ou au délit.

Article 73 extrait
Dans les cas de crime flagrant ou de délit flagrant puni d'une peine d'emprisonnement, toute personne a qualité pour en appréhender l'auteur et le conduire devant l'officier de police judiciaire le plus proche.

Article 78-2 extrait
Les officiers de police judiciaire et, sur l'ordre et sous la responsabilité de ceux-ci, les agents de police judiciaire et agents de police judiciaire adjoints mentionnés aux articles 20 et 21-1° peuvent inviter à justifier, par tout moyen, de son identité toute personne à l'égard de laquelle existe une ou plusieurs raisons plausibles de soupçonner :
- qu'elle a commis ou tenté de commettre une infraction ;
- ou qu'elle se prépare à commettre un crime ou un délit ;
- ou qu'elle est susceptible de fournir des renseignements utiles à l'enquête en cas de crime ou de délit ;
- ou qu'elle fait l'objet de recherches ordonnées par une autorité judiciaire.

Extraits du code de déontologie de la police nationale et de la gendarmerie nationale

Article R. 434-4
I. – L'autorité investie du pouvoir hiérarchique prend des décisions, donne des ordres et les fait appliquer. Elle veille à ce que ses instructions soient précises et apporte à ceux qui sont chargés de les exécuter toutes informations pertinentes nécessaires à leur compréhension.
L'autorité hiérarchique assume la responsabilité des ordres donnés.

Article R. 434-5

Le policier ou le gendarme exécute loyalement et fidèlement les instructions et obéit de même aux ordres qu'il reçoit de l'autorité investie du pouvoir hiérarchique, sauf dans le cas où l'ordre donné est manifestement illégal et de nature à compromettre gravement un intérêt public.

Article R. 434-10

Le policier ou le gendarme fait, dans l'exercice de ses fonctions, preuve de discernement.
Il tient compte en toutes circonstances de la nature des risques et menaces de chaque situation à laquelle il est confronté et des délais qu'il a pour agir, pour choisir la meilleure réponse légale à lui apporter.

Article R. 434-14

Le policier ou le gendarme est au service de la population.

Article R. 434-16

Lorsque la loi l'autorise à procéder à un contrôle d'identité, le policier ou le gendarme ne se fonde sur aucune caractéristique physique ou aucun signe distinctif pour déterminer les personnes à contrôler, sauf s'il dispose d'un signalement précis motivant le contrôle.
Le contrôle d'identité se déroule sans qu'il soit porté atteinte à la dignité de la personne qui en fait l'objet. La palpation de sécurité est exclusivement une mesure de sûreté. Elle ne revêt pas un caractère systématique. Elle est réservée aux cas dans lesquels elle apparaît nécessaire à la garantie de la sécurité du policier ou du gendarme qui l'accomplit ou de celle d'autrui. Elle a pour finalité de vérifier que la personne contrôlée n'est pas porteuse d'un objet dangereux pour elle-même ou pour autrui.
Chaque fois que les circonstances le permettent, la palpation de sécurité est pratiquée à l'abri du regard du public.

Article R. 434-19

Lorsque les circonstances le requièrent, le policier ou le gendarme, même lorsqu'il n'est pas en service, intervient de sa propre initiative, avec les moyens dont il dispose, notamment pour porter assistance aux personnes en danger.

Article R. 434-20

Sans se départir de son impartialité, le policier ou le gendarme accorde une attention particulière aux victimes et veille à la qualité de leur prise en charge tout au long de la procédure les concernant. Il garantit la confidentialité de leurs propos et déclarations.

Extraits du code pénal

Article 121-4

Est auteur de l'infraction la personne qui :

1° Commet les faits incriminés ;

2° Tente de commettre un crime ou, dans les cas prévus par la loi, un délit.

Article 222-19-1

Lorsque la maladresse, l'imprudence, l'inattention, la négligence ou le manquement à une obligation législative ou réglementaire de prudence ou de sécurité prévu par l'article 222-19 est commis par le conducteur d'un véhicule terrestre à moteur, l'atteinte involontaire à l'intégrité de la personne ayant entraîné une incapacité totale de travail pendant plus de trois mois est punie de trois ans d'emprisonnement et de 45 000 euros d'amende.

Les peines sont portées à cinq ans d'emprisonnement et à 75 000 euros d'amende lorsque :

1° Le conducteur a commis une violation manifestement délibérée d'une obligation particulière de prudence ou de sécurité prévue par la loi ou le règlement autre que celles mentionnées ci-après ;

2° Le conducteur se trouvait en état d'ivresse manifeste ou était sous l'empire d'un état alcoolique caractérisé par une concentration d'alcool dans le sang ou dans l'air expiré égale ou supérieure aux taux fixés par les dispositions législatives ou réglementaires du code de la route, ou a refusé de se soumettre aux vérifications prévues par ce code et destinées à établir l'existence d'un état alcoolique ;

3° Il résulte d'une analyse sanguine ou salivaire que le conducteur avait fait usage de substances ou de plantes classées comme stupéfiants, ou a refusé de se soumettre aux vérifications prévues par le code de la route destinées à établir s'il conduisait en ayant fait usage de stupéfiants ;

4° Le conducteur n'était pas titulaire du permis de conduire exigé par la loi ou le règlement ou son permis avait été annulé, invalidé, suspendu ou retenu ;

5° Le conducteur a commis un dépassement de la vitesse maximale autorisée égal ou supérieur à 50 km/h ;

6° Le conducteur, sachant qu'il vient de causer ou d'occasionner un accident, ne s'est pas arrêté et a tenté ainsi d'échapper à la responsabilité pénale ou civile qu'il peut encourir.

Les peines sont portées à sept ans d'emprisonnement et à 100 000 euros d'amende lorsque l'atteinte involontaire à l'intégrité de la personne a été commise avec deux ou plus des circonstances mentionnées aux 1° et suivants du présent article.

Article 222-20-1

Lorsque la maladresse, l'imprudence, l'inattention, la négligence ou le manquement à une obligation législative ou réglementaire de sécurité ou de prudence prévu par l'article 222-19 est commis par le conducteur d'un véhicule terrestre à moteur, l'atteinte involontaire à l'intégrité de la personne ayant entraîné une incapacité totale de travail d'une durée inférieure ou égale à trois mois est punie de deux ans d'emprisonnement et de 30 000 euros d'amende.

Les peines sont portées à trois ans d'emprisonnement et à 45 000 euros d'amende lorsque :

1° Le conducteur a commis une violation manifestement délibérée d'une obligation particulière de prudence ou de sécurité prévue par la loi ou le règlement autre que celles mentionnées ci-après ;

2° Le conducteur se trouvait en état d'ivresse manifeste ou était sous l'empire d'un état alcoolique caractérisé par une concentration d'alcool dans le sang ou dans l'air expiré égale ou supérieure aux taux fixés par les dispositions législatives ou réglementaires du code de la route, ou a refusé de se soumettre aux vérifications prévues par ce code et destinées à établir l'existence d'un état alcoolique ;

3° Il résulte d'une analyse sanguine que le conducteur avait fait usage de substances ou de plantes classées comme stupéfiants, ou a refusé de se soumettre aux vérifications prévues par le code de la route destinées à établir s'il conduisait en ayant fait usage de stupéfiants ;

4° Le conducteur n'était pas titulaire du permis de conduire exigé par la loi ou le règlement ou son permis avait été annulé, invalidé, suspendu ou retenu ;

5° Le conducteur a commis un dépassement de la vitesse maximale autorisée égal ou supérieur à 50 km/h ;

6° Le conducteur, sachant qu'il vient de causer ou d'occasionner un accident, ne s'est pas arrêté et a tenté ainsi d'échapper à la responsabilité pénale ou civile qu'il peut encourir.

Les peines sont portées à cinq ans d'emprisonnement et 75 000 euros d'amende lorsque l'atteinte involontaire à l'intégrité de la personne a été commise avec deux ou plus des circonstances mentionnées aux 1° et suivants du présent article.

Article 222-37 extrait

Le transport, la détention, l'offre, la cession, l'acquisition ou l'emploi illicites de stupéfiants sont punis de dix ans d'emprisonnement et de 7 500 000 euros d'amende.

Est puni des mêmes peines le fait de faciliter, par quelque moyen que ce soit, l'usage illicite de stupéfiants, de se faire délivrer des stupéfiants au moyen d'ordonnances fictives ou de complaisance, ou de délivrer des stupéfiants sur la présentation de telles ordonnances en connaissant leur caractère fictif ou complaisant.

Article 311-1

Le vol est la soustraction frauduleuse de la chose d'autrui.

Article 311-3

Le vol est puni de trois ans d'emprisonnement et de 45 000 euros d'amende.

Article 311-4

Le vol est puni de cinq ans d'emprisonnement et de 75 000 euros d'amende :

1° Lorsqu'il est commis par plusieurs personnes agissant en qualité d'auteur ou de complice, sans qu'elles constituent une bande organisée ;

2° Lorsqu'il est commis par une personne dépositaire de l'autorité publique ou chargée d'une mission de service public, dans l'exercice ou à l'occasion de l'exercice de ses fonctions ou de sa mission ;

3° Lorsqu'il est commis par une personne qui prend indûment la qualité d'une personne dépositaire de l'autorité publique ou chargée d'une mission de service public ;

4° Lorsqu'il est précédé, accompagné ou suivi de violences sur autrui n'ayant pas entraîné une incapacité totale de travail ;

5° (Abrogé) ;

6° Lorsqu'il est commis dans un local d'habitation ou dans un lieu utilisé ou destiné à l'entrepôt de fonds, valeurs, marchandises ou matériels ;

7° Lorsqu'il est commis dans un véhicule affecté au transport collectif de voyageurs ou dans un lieu destiné à l'accès à un moyen de transport collectif de voyageurs ;

8° Lorsqu'il est précédé, accompagné ou suivi d'un acte de destruction, dégradation ou détérioration ;

9° (Abrogé) ;

10° Lorsqu'il est commis par une personne dissimulant volontairement en tout ou partie son visage afin de ne pas être identifiée ;

11° Lorsqu'il est commis dans les établissements d'enseignement ou d'éducation ainsi que, lors des entrées ou sorties des élèves ou dans un temps très voisin de celles-ci, aux abords de ces établissements.

Les peines sont portées à sept ans d'emprisonnement et à 100 000 euros d'amende lorsque le vol est commis dans deux des circonstances prévues par le présent article. Elles sont portées à dix ans d'emprisonnement et à 150 000 euros d'amende lorsque le vol est commis dans trois de ces circonstances.

Article 311-5

Le vol est puni de sept ans d'emprisonnement et de 100 000 euros d'amende :

1° Lorsqu'il est précédé, accompagné ou suivi de violence sur autrui ayant entraîné une incapacité totale de travail pendant huit jours au plus ;

2° Lorsqu'il est facilité par l'état d'une personne dont la particulière vulnérabilité, due à son âge, à une maladie, à une infirmité, à une déficience physique ou psychique ou à un état de grossesse, est apparente ou connue de son auteur ;

3° Lorsqu'il est commis dans un local d'habitation ou dans un lieu utilisé ou destiné à l'entrepôt de fonds, valeurs, marchandises ou matériels, en pénétrant dans les lieux par ruse, effraction ou escalade. Les peines sont portées à dix ans d'emprisonnement et à 150 000 euros d'amende lorsque le vol est commis dans deux des circonstances prévues par le présent article ou lorsque le vol prévu au présent article est également commis dans l'une des circonstances prévues par l'article 311-4.

Article 433-5

Constituent un outrage puni de 7 500 euros d'amende les paroles, gestes ou menaces, les écrits ou images de toute nature non rendus publics ou l'envoi d'objets quelconques adressés à une personne chargée d'une mission de service public, dans l'exercice ou à l'occasion de l'exercice de sa mission, et de nature à porter atteinte à sa dignité ou au respect dû à la fonction dont elle est investie.

Lorsqu'il est adressé à une personne dépositaire de l'autorité publique, l'outrage est puni d'un an d'emprisonnement et de 15 000 euros d'amende.

Lorsqu'il est adressé à une personne chargée d'une mission de service public et que les faits ont été commis à l'intérieur d'un établissement scolaire ou éducatif, ou, à l'occasion des entrées ou sorties des élèves, aux abords d'un tel établissement, l'outrage est puni de six mois d'emprisonnement et de 7 500 euros d'amende. Lorsqu'il est commis en réunion, l'outrage prévu au premier alinéa est puni de six mois d'emprisonnement et de 7 500 euros d'amende, et l'outrage prévu au deuxième alinéa est puni de deux ans d'emprisonnement et de 30 000 euros d'amende.

Article 434-10

Le fait, pour tout conducteur d'un véhicule ou engin terrestre, fluvial ou maritime, sachant qu'il vient de causer ou d'occasionner un accident, de ne pas s'arrêter et de tenter ainsi d'échapper à la responsabilité pénale ou civile qu'il peut avoir encourue, est puni de trois ans d'emprisonnement et de 75 000 euros d'amende. Lorsqu'il y a lieu à l'application des articles 221-6 et 222-19, les peines prévues par ces articles sont portées au double hors les cas prévus par les articles 221-6-1, 222-19-1 et 222-20-1.

Police de sécurité du quotidien

Extraits dossier de presse

« La police de sécurité du quotidien a une vocation profonde : construire dans notre pays une société rassemblée et apaisée [...] et c'est en partant de la base qu'il faut mettre en place cette nouvelle politique » (Gérard Collomb).

Pourquoi la PSQ ? Parce que la sécurité est la première des libertés, 5 axes pour une nouvelle stratégie : une police et une gendarmerie :
- aux ambitions retrouvées ;
- respectées ;
- sur mesure ;
- connectées ;
- partenariale.

6 axes d'intervention
1. une présence renforcée des forces de sécurité ;
2. un contact accru avec la population ;
3. une action judiciaire territorialisée ;
4. une lutte accentuée contre la délinquance organisée et les trafics de stupéfiants ;
5. une action conjointe des ministères ;
6. une contractualisation avec les partenaires locaux.

Amélioration de l'accueil en commissariats et brigades (adaptation des horaires d'ouverture aux besoins de la population, renforcement des formations à l'accueil des victimes, aménagement des espaces)
- Plus de contact avec la population
- Déploiement de 250 unités de contact « brigades de groupes de contact » d'ici 2019

Un lien police/population renoué
- Sensibiliser la population aux questions de sécurité
- Généralisation des interventions dans les écoles : chaque enfant aura au moins échangé une fois dans sa scolarité – entre le primaire et le lycée – avec les forces de l'ordre sur leur métier et la sécurité du quotidien
- Sensibilisation au rôle des forces de l'ordre dans le cadre du Service national universel
- Développer la vigilance citoyenne

- Adaptation localement du dispositif de participation citoyenne
- Systématisation d'un référent proximité dans chaque commissariat pour assurer le lien avec les instances citoyennes locales
- Désignation d'un référent sécurité dans chaque conseil de quartier et conseil citoyen
- Renforcer la participation des citoyens à la production de sécurité
- Développement de la Garde nationale : 10 000 réservistes dans la police et pérennisation des 30 000 réservistes dans la gendarmerie (2020)

Charte de l'accueil du public et des victimes

Article 1 : L'accueil du public constitue une priorité majeure pour la police nationale et la gendarmerie nationale.

Article 2 : L'assurance d'être écouté à tout moment par une unité de la gendarmerie nationale ou un service de la police nationale, d'être assisté et secouru constitue un droit ouvert à chaque citoyen.

Article 3 : La qualité de l'accueil s'appuie sur un comportement empreint de politesse, de retenue et de correction. Elle se traduit par une prise en compte immédiate des demandes du public.

Article 4 : Les victimes d'infractions pénales bénéficient d'un accueil privilégié.

Article 5 : Les services de la police nationale et de la gendarmerie nationale sont tenus de recevoir les plaintes déposées par les victimes d'infractions pénales, quel que soit le lieu de commission.

Article 6 : Tout signalement d'une disparition de personne fait l'objet d'une attention particulière et d'un traitement immédiat.

Article 7 : Les services de la police nationale et les unités de la gendarmerie nationale veillent à informer le plaignant des actes entrepris à la suite de sa déposition et de leurs résultats.

Article 8 : Dans le seul but d'identifier les auteurs d'infractions, des informations relatives aux victimes peuvent être enregistrées dans certains fichiers de police judiciaire.

Toute victime peut :

- obtenir communication de ces données ;
- demander, en cas d'erreur, leur rectification ou leur suppression.

Ces droits s'exercent indirectement auprès de la Commission nationale de l'informatique et des libertés (CNIL) - 8, rue Vivienne - 75083 Paris cedex 02.
Le procureur de la République territorialement compétent peut aussi être saisi.
Sur simple demande orale ou écrite, une notice détaillant les modalités pratiques de ces droits est remise aux victimes.
En cas de condamnation définitive de l'auteur, la victime peut aussi s'opposer à la conservation dans le fichier des informations la concernant en s'adressant au service de police ou de gendarmerie compétent mentionné dans la notice susvisée.

Corrigé

Cas pratique n° 1

Comment réagissez-vous à l'annonce de votre chef de brigade ? Pourquoi ?
Vous êtes affectés en police secours. Pensez-vous que cette mission d'accueil vous incombe ? Expliquez votre point de vue.
Que pensez-vous de la mission d'accueil au sein d'un commissariat ?
Selon vous, en quoi consiste-t-elle ? À quelles situations pouvez-vous être confronté ?
Quelles qualités vous semblent indispensables pour occuper cette fonction d'accueil ? Pourquoi ?

Je réagirais positivement à l'annonce de mon chef de brigade. En effet, il s'agit de mon autorité hiérarchique. Je lui dois obéissance et sa demande est légitimée par la bonne marche du service.

La brigade chargée de la police secours assure également l'accueil du commissariat, aussi bien au sein de la préfecture de police de Paris qu'au sein de la sécurité publique. Par conséquent, il est parfaitement normal que les missions d'accueil soient quotidiennement partagées entre les effectifs des brigades.

La mission d'accueil est une mission très importante car elle permet d'apporter une aide aux personnes venant au commissariat, qu'il s'agisse d'obtenir un simple renseignement ou bien de porter plainte pour des faits graves. La qualité de l'accueil reçu influera sur l'image de la police nationale auprès de la population et sur le service rendu au citoyen.

Les situations rencontrées peuvent être diverses, à l'image d'une simple demande de renseignement administratif (permis de conduire, documents administratifs...), d'un signalement de disparition inquiétante ou d'un trouble sur la voie publique, d'une personne se présentant en ayant rendez-vous avec un service administratif ou judiciaire du commissariat, ou bien encore pour déposer une plainte ou une main courante.

Plusieurs qualités sont indispensables pour exercer la fonction d'accueil : une bonne présentation, une parfaite correction de langage, une bonne connaissance de l'organisation de la police nationale et des institutions publiques (de nombreuses personnes s'adressent dans un premier temps à la police nationale pour dénoncer des faits de nature civile : il est important de savoir les orienter convenablement), une capacité d'écoute, notamment envers certaines personnes en état de détresse ou de stress important, de la rigueur et de l'impartialité dans le traitement des demandes du public, ainsi qu'un état général de vigilance pour surveiller le commissariat qui demeure un lieu sensible.

Cas pratique n° 2

À votre avis, que devez-vous faire en priorité ? Détaillez et justifiez votre réponse.
Selon vous, comment doit se dérouler l'intervention de la police nationale ?

Dans une telle situation, la priorité doit être donnée aux soins urgents à apporter à la personne blessée. Le véhicule de police devra donc stopper sa course et se porter immédiatement au contact de la victime. Tandis que deux effectifs lui porteront les premiers secours, un autre effectif demandera par radio à ce que les services de secours (SAMU en priorité, compte tenu de la gravité supposée des blessures) soient prévenus. Le message indiquera notamment les éléments utiles à l'intervention ultérieure des secours : adresse, description des faits et état apparent de la victime (blessures visibles ; état général : conscience, ventilation et battements cardiaques). Le cas échéant, le SAMU pourra indiquer aux effectifs de police quelle conduite adopter et quels gestes de secours prodiguer dans l'attente de leur intervention.
Ensuite, les effectifs de police doivent indiquer à la radio le signalement le plus précis possible du véhicule et de ses occupants, ainsi que la direction de la fuite. La radio sera chargée de coordonner l'intervention des effectifs disponibles sur le terrain pour quadriller la zone et avoir le plus de chances possible de retrouver le véhicule en fuite et son conducteur. S'il est interpellé, il sera conduit devant un officier de police judiciaire.
Enfin, il est important de relever l'identité de la personne ayant été témoin de la scène et, si possible, de la maintenir sur place dans l'attente de l'intervention d'un officier de police judiciaire.

Cas pratique n° 3

Que faites-vous ? Détaillez et justifiez votre réponse.
De votre point de vue, quelle est la gravité des faits ? Sont-ils répréhensibles ? Pourquoi ?
Il s'agit d'un ami d'enfance. Pensez-vous que cela peut changer quelque chose dans votre comportement ? Pourquoi ?
En dix lignes maximum, indiquez quel est votre point de vue sur la légalisation de l'usage de cannabis.

Lorsque je constate cette situation, je choisis de me mettre discrètement à l'égard pour pouvoir observer la place des Tilleuls. Je n'interviens pas directement car je suis hors service et il n'y a pas une urgence absolue à intervenir comme s'il s'agissait d'une agression physique. Je reste donc à l'écart et je préviens par téléphone le commissariat des faits que je viens d'observer. J'indique la description physique du vendeur de stupéfiants et de son acheteur, et j'essaye de continuer à les suivre du regard. Sur la base de mes renseignements, le commissariat sera potentiellement amené à faire intervenir des policiers en civil, comme la brigade anti-criminalité (BAC), afin de pouvoir réaliser une interpellation en flagrant délit pour transaction de produits stupéfiants.

Les faits commis par S. Croc constituent des faits graves et répréhensibles. Vendre de la drogue est un délit puni d'une peine d'emprisonnement (article 222-37 du code pénal).

Le fait qu'il s'agisse d'un ami d'enfance est sans nul doute désagréable, mais cela ne doit rien changer à mon comportement car j'ai choisi d'être policier afin de faire respecter par tous les lois permettant une vie sociale empreinte d'une forme de paix et de justice.

Une drogue est une substance d'origine naturelle ou obtenue par synthèse qui, lorsqu'elle est absorbée par un être vivant, modifie une ou plusieurs de ses fonctions. Cette drogue génère une dépendance. La dépendance est le fait pour un individu de ne plus pouvoir se passer d'un produit. Il existe deux types de dépendance : physique et psychique. Sur le plan physique, cette forme de dépendance engendre l'apparition de signes cliniques qui constituent l'état de manque lorsqu'on cesse d'absorber le produit. Sur le plan psychique, le besoin psychologique de réitérer la prise du produit. Sa suppression entraîne un sentiment de malaise ou d'angoisse. De plus, un même individu peut être dépendant de plusieurs drogues : cet état s'accompagne ou non de tolérance. De même, les drogues « douces » servent souvent de sas de passage vers les drogues « dures ». Par ailleurs, l'économie de la drogue empoisonne la vie de nombreux quartiers et est à l'origine de nombreux délits connexes (extorsions, homicides...). Le phénomène du trafic et de la consommation de stupéfiants est, sans nul doute, la principale source de la délinquance et une menace majeure pour l'équilibre de notre société. Il semble indispensable d'éradiquer la drogue afin de pouvoir reconquérir en France de nombreux « territoires perdus ». Le droit pénal réprime de manière identique la consommation et le trafic de tout produit considéré comme stupéfiant. Pour toutes ces raisons, je suis hostile à la légalisation de l'usage du cannabis.

Cas pratique n° 4

Face à cette situation, que faites-vous ? Détaillez et justifiez votre réponse.

Dans la mesure où la femme enceinte ne paraît pas blessée et surtout dans celle où elle est prise en charge par des commerçants à même de solliciter l'intervention de secours si besoin était, je me lance avec mes collègues à la poursuite pédestre de l'individu ayant commis le vol à l'arraché.

En parallèle de la poursuite pédestre, l'un des policiers devra signaler à la radio les faits, puis indiquer le signalement et la direction de fuite de l'auteur du vol à l'arraché afin que d'autres policiers puissent participer également à sa recherche pour l'interpeller et le présenter à un officier de police judiciaire.

Les faits commis par l'individu sont constitutifs d'un vol aggravé en raison de l'état de vulnérabilité de la femme enceinte (article 311-5 alinéa 2 du code pénal).

Cas pratique n° 5

Quelles sont les mesures que vous pourriez être amené à prendre en tant que policier ?
Au regard des objectifs de la police de sécurité du quotidien (PSQ), quel est celui qui vous semble le plus important ? Justifiez votre réponse en dix lignes maximum.

Les faits commis par l'individu sont constitutifs d'un outrage au sens de l'article 433-5 du code pénal. La réitération des insultes malgré le contrôle d'identité et le fait que l'individu jette au sol sa pièce d'identité confirment la réalité et la gravité de l'infraction commise. Compte tenu de la commission de cette infraction, je peux agir avec mes collègues dans le cadre du flagrant délit (article 53 et 73 du code pénal) et procéder à l'interpellation de l'individu afin de le conduire devant un officier de police judiciaire.

Parmi les objectifs de la police de sécurité du quotidien, le renforcement des liens entre la police et la population me semble être le plus important. En effet, c'est auprès des plus jeunes que la police doit incarner l'autorité de l'État. La police doit rappeler qu'il existe des lois, que celles-ci sont indispensables à une vie harmonieuse en collectivité et que les enfreindre est passible de sanctions. En ayant des relations fréquentes avec des jeunes, la police pourra faire accepter ces messages, particulièrement auprès de ceux qui se trouvent en rupture familiale et sociale. De façon plus générale, le travail de la police ne peut s'exercer qu'au cœur de la société. Les policiers n'exercent pas leurs missions en vase clos. Ils occupent des commissariats placés au sein des villes, ils recueillent les plaintes et les attentes de leurs concitoyens, patrouillent dans les rues. Les policiers n'ont pas attendu la mise en œuvre du concept de police de proximité ou de celui de police de sécurité du quotidien pour travailler au milieu de la population et pour chercher à nouer de multiples contacts avec elle. Le rapprochement entre la police et la population est indissociable de l'exercice de ses propres missions.

2| L'ÉPREUVE DE TESTS PSYCHOTECHNIQUES

■ PRÉSENTATION DES TESTS PSYCHOTECHNIQUES

La dernière épreuve écrite d'admissibilité est l'épreuve de tests psychotechniques. Elle dure 2 heures 30. Cette épreuve n'est pas notée et n'est pas non plus éliminatoire.
La vocation de ces tests est de cerner le profil psychologique du candidat. Leurs résultats seront utilisés lors de l'épreuve d'entretien avec le jury (le jury comprendra notamment un psychologue). Cette épreuve ne doit pas vous impressionner : elle n'est pas éliminatoire et ne sert qu'à mieux connaître votre personnalité.

Pour les candidats souhaitant approfondir leur préparation à cette épreuve spécifique, ils peuvent se reporter au manuel *Tests d'aptitudes, psychotechniques et de personnalité* (éditions Studyrama).

Les tests de personnalité

Un certain nombre de questions sont directement liées à votre personnalité, votre caractère et votre sensibilité. Il n'y a pas alors de bonne ou de mauvaise réponse. Vous devez répondre de manière naturelle et spontanée aux questions posées. Ces questionnaires sont établis et interprétés par des professionnels : un candidat qui chercherait à dissimuler sa personnalité serait inévitablement détecté.
Voici quelques exemples de questions qui peuvent être posées :
- Êtes-vous quelqu'un de solitaire ?
- Aimez-vous les animaux ?
- Vous souvenez-vous de la dernière fois que vous avez pleuré ?
- Vous arrive-t-il de commettre des infractions au code de la route ?
- Préférez-vous les sports collectifs ou les sports individuels ?
- Aimeriez-vous gagner beaucoup d'argent ?
- Vous arrive-t-il de beaucoup vous énerver contre quelqu'un ?

Les questions de logique

Les questions de logique sont relativement variées (figures géométriques, dominos, suites de nombres, suites de cartes à jouer, carrés à remplir...) et font appel au sens logique. Il faut vous montrer observateur et perspicace afin de discerner la logique interne de chaque question. Plusieurs modes de raisonnement seront mis en œuvre lors de ces questions (observation, arithmétique, suite logique...).

D'une manière générale, la vocation de ces tests est d'évaluer chez le candidat le niveau de certaines facultés intellectuelles. Les principales facultés intellectuelles évaluées sont la capacité à se repérer dans l'espace, l'analyse logique, le sens de l'observation, la mémoire et la capacité à synthétiser des données.

Pour vous entraîner, ne tenez pas compte du temps lors des premiers exercices. Quand vous vous sentirez plus à l'aise et que vous aurez compris la logique interne des tests, vous pourrez alors vous chronométrer.

Les suites

Il peut s'agir de suites de nombres, de lettres, de mots ou (plus rarement) de figures. Ce type d'exercice fait appel au raisonnement du candidat pour comprendre la logique de la suite afin de pouvoir ajouter l'élément manquant.

Les suites les plus courantes sont celles des nombres. Il vous faudra maîtriser convenablement le calcul mental pour les quatre opérations (addition, soustraction, multiplication et division). En matière de suites numériques, les logiques sont principalement les suivantes : progressions croissantes, progressions décroissantes et progressions alternées.

Les dominos et les cartes à jouer

Les dominos ou les cartes peuvent être disposés en lignes, en lignes parallèles, en spirale, en étoile ou selon d'autres formes. La manière dont sont disposés les dominos ou les cartes est essentielle pour pouvoir résoudre l'exercice. La logique de symétrie est le plus souvent la logique choisie lors des tests. C'est grâce à cela que vous arriverez à comprendre la règle définissant le nombre de points des dominos ou la carte à jouer.

À l'instar des suites, il vous faudra comprendre le type de progression ou de symétrie en analysant les dominos ou cartes présents. Veillez à bien analyser le haut et le bas des dominos ou des cartes, ainsi que les diagonales.

Les « tableaux logiques » ou « carrés logiques »

Ces exercices sont plutôt simples car ils font appel au calcul mental. En analysant le tableau, il vous appartiendra de rechercher les opérations en ligne, en colonne, en diagonale ou (très rarement) en spirale. Commencez par les lignes, puis poursuivez avec les colonnes.

■ Les figures géométriques

Ce type d'exercice fait principalement appel aux capacités d'observation du candidat. À nouveau, efforcez-vous d'analyser selon les lignes, les colonnes, les diagonales ou les spirales.

■ Les exercices alphanumériques

Généralement très simples, ces exercices associent une lettre à un nombre. Le plus souvent, les nombres suivent la place de la lettre dans l'alphabet (A1, B2, C3, D4...).

Les autres types de tests

Vous serez également soumis à plusieurs autres types de tests :

- les tests d'attention visuelle : il s'agit ici de trouver des ressemblances ou des différences entre des dessins, des signes ou des symboles ;
- les tests d'aptitude verbale : ces tests déterminent les capacités de compréhension du langage du candidat (synonymes, sens de mots ou d'expressions, contraires, expressions de même signification...) ;
- le calcul mental.

ENTRAÎNEMENT

Exercices

Série 1

1) Trouver les deux nombres dont la somme est 23 et dont le produit est 112.

2) Une cassette pleine de pièces d'or pèse 7,5 kg. Un tiers de ces pièces étant retiré, la cassette pèse 6,14 kg. Combien pèse la cassette quand elle est vide ?

3) Dans sept ans, Boris aura deux fois l'âge qu'il avait il y a deux ans. Dans combien d'années aura-t-il deux fois l'âge qu'il a en ce moment ?

4) Une image de 20 centimètres de large est agrandie de 20 %. Puis cet agrandissement est réduit de 20 %. Quelle est la largeur finale ?

5) Dans un sac, il y a 30 boules : certaines, en bois, pèsent 250 grammes chacune et d'autres, en métal, pèsent 950 grammes chacune. Le sac pèse 17 kilos et 300 grammes, combien contient-il de boules en bois ? On suppose que le poids du sac vide est négligeable.

6) Prenez 320, multipliez-le par deux, ajoutez 5 et divisez par trois. Quel résultat obtenez-vous ?

7) Trois manutentionnaires chargent deux semi-remorques en 1 h 20 min. Combien de semi-remorques chargeront deux manutentionnaires en 7 heures ?

8) Un article qui valait 4 525 euros est soldé à 3 801 euros. Quel est le pourcentage de la réduction ?

9) Une vaste cuve de forme cubique a été remplie d'huile de vidange jusqu'au tiers de sa hauteur en y versant 19 440 bidons de 100 litres. Quelle est la hauteur de la cuve en mètres ?

10) Une somme de 25 000 euros est placée sur un compte pendant un an. À la fin de cette période, les intérêts représentent 1 875 euros. Quel est le taux d'intérêt annuel du compte ?

Série 2

1) Dans une papeterie, 3 crayons et 4 stylos coûtent 7,20 euros ; 5 crayons et 4 stylos coûtent 8 euros. Quels sont les prix d'un crayon et d'un stylo ?

2) Quatre maçons montent un mur en une heure. En admettant qu'ils travaillent de la même façon, combien de temps mettraient-ils s'ils étaient 5 pour monter le même mur ?

3) Un train fait du 20 km/h pendant 5 minutes, du 70 km/h pendant 20 minutes et du 120 km/h pendant 2 heures et quart. S'il reste 10 minutes à l'arrêt en gare, quelle est sa moyenne horaire ?

4) Un camion chargé pèse 13,5 t. Après avoir livré les trois quarts de son chargement, il ne pèse que 9,75 t. Quel est le poids du camion ?

5) Quelle est la moitié du triple du quart de 88 ?

6) Quelle est la part de la TVA pour un article vendu 1 180 euros TTC (toutes taxes comprises) avec une TVA à 20,6 % ?

7) Pour organiser un voyage, des étudiants se sont réunis et chacun a payé 320 euros, mais il manquait 600 euros. Pour pallier cela, la participation a été augmentée de 5 % et, du coup, ils ont 312 euros de trop. Quel est le coût du voyage ?

8) Axel a trois fois plus de timbres que Blaise, qui en a quatre fois moins que Carlos. Sachant qu'à eux trois, ils ont 1 696 timbres, combien en a Carlos ?

9) En 1917, Marc avait trois fois l'âge de Rémi, qui était né 13 ans avant le début du XXe siècle. Quelle est l'année de naissance de Marc ?

10) Un article avec une démarque de 20 % est vendu 60 euros. Un autre, qui coûtait 60 euros, est vendu avec une démarque de 20 %. Combien économise-t-on par rapport aux prix d'origine en achetant ces articles soldés ?

Série 3

Inscrivez le nombre manquant dans les triangles.

1)

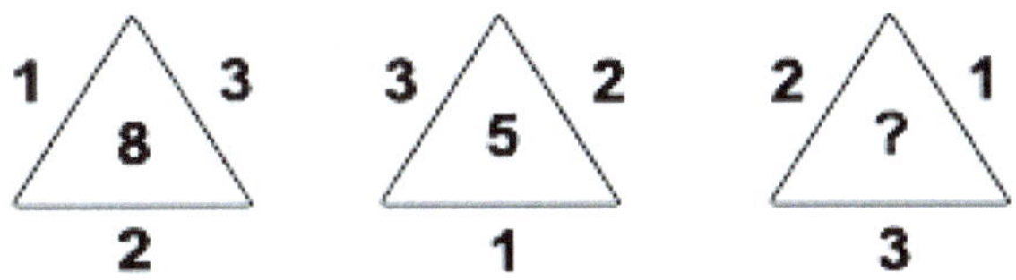

2)

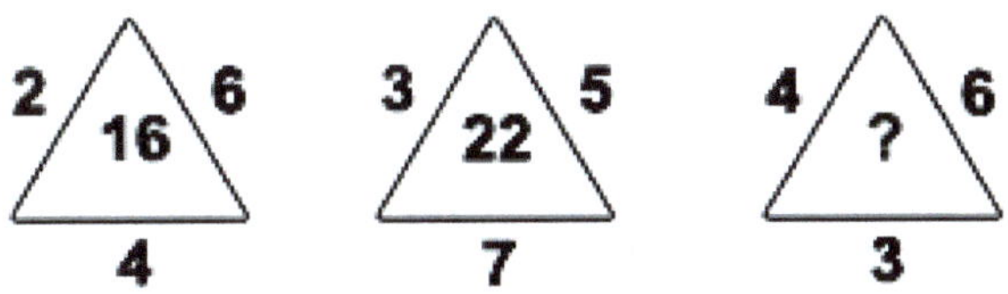

3)

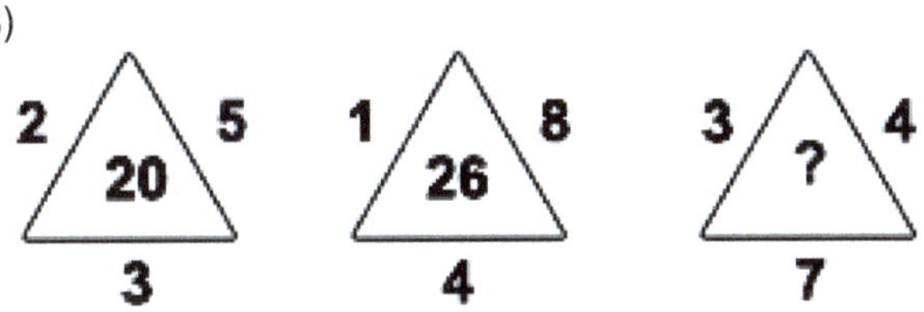

4)

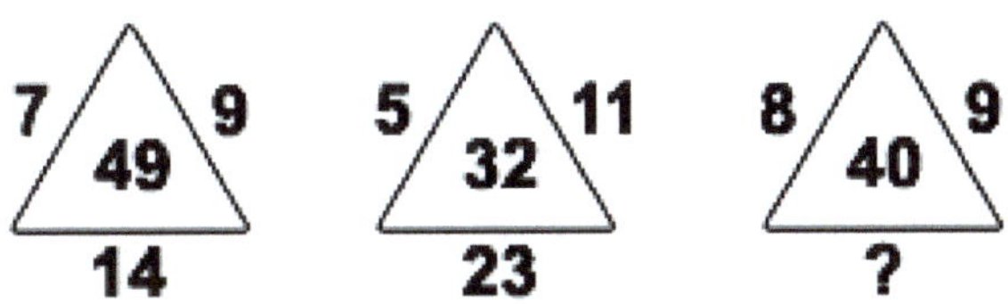

5)

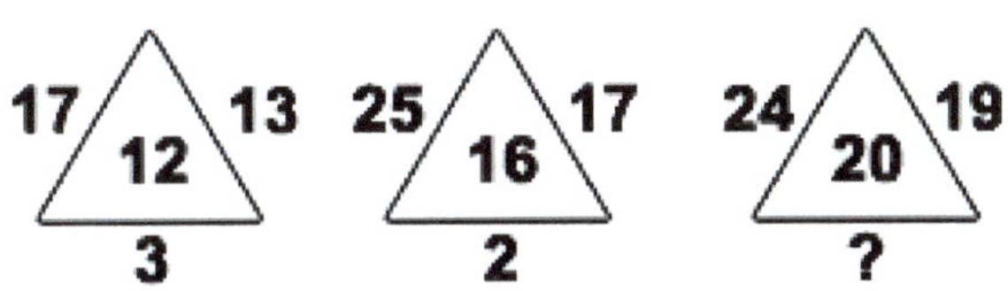

Série 4

Inscrivez le nombre manquant dans les cercles.

1)

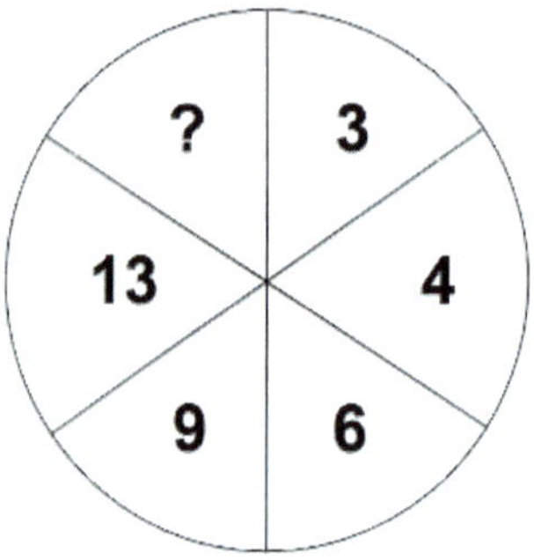

2)

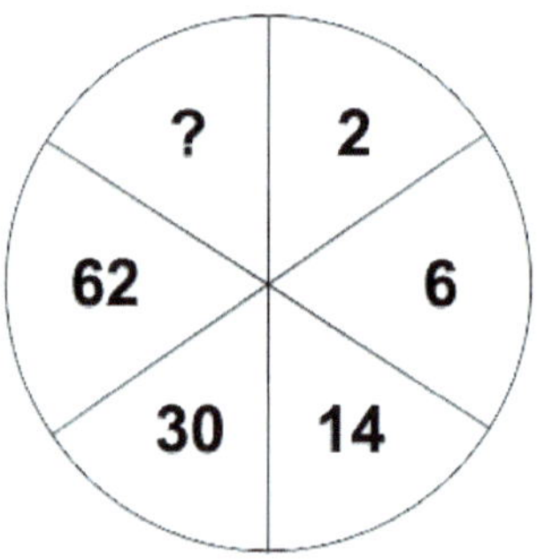

3)

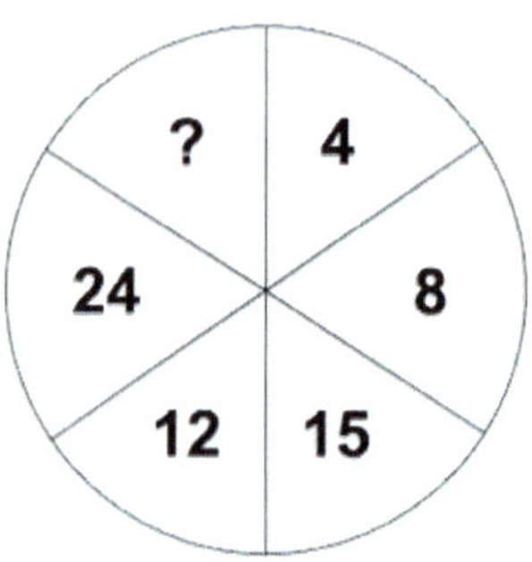

4)

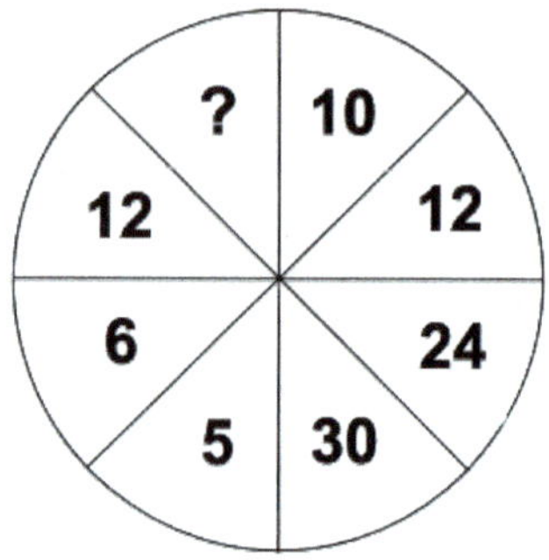

5)

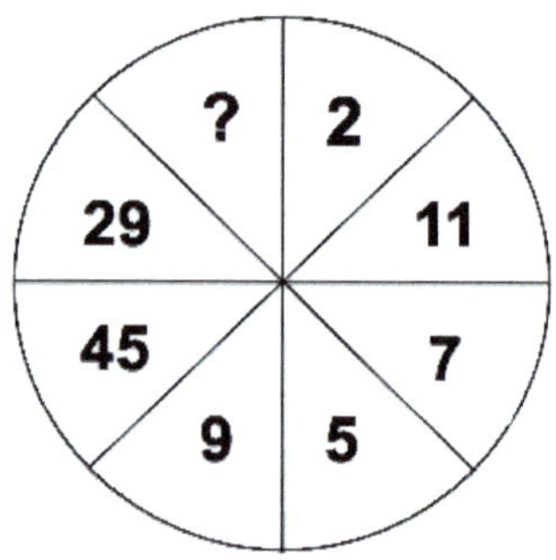

Série 5

1)

1	4	8	13	?
3	7	12	18	?

2)

1	4	9	?	25
1	8	27	?	125

3)

10	8	6	4	?
25	16	9	4	?

4)

13	20	19	8	?
26	16	14	22	?

5)

4	2	13	14	?
1	7	5	25	?

Série 6

Inscrivez les lettres et les nombres manquants.

1)	A	E	I	?
	5	8	11	?
2)	14	G	7	?
	C	10	J	?
3)	5	8	14	?
	E	H	N	?
4)	25	37	49	?
	EB	GC	ID	?
5)	3	6	12	?
	X	U	0	?

Série 7

Trouvez une solution logique.

1) Si 13 + 15 + 9 = MOI,
alors 12 + 21 + 9 = ?

2) Si SIX = 52,
alors DIX = ?

3) Si NOTE = 4 et EXAMEN = 6,
alors PROFESSEUR = ?

4) Si ÂGE = 1 et GÉNÉRATION = 5,
alors ENFANT = ?

5) Si DIFFICILE = 3 et ASTUCIEUX = 1,
alors INTELLIGENT = ?

6) À chaque lettre (A, E, I, L), on associe un chiffre différent se trouvant entre 1 et 5.
Si ELLE = 8 et AIL = 9,
Alors AILE = ?

Série 8

Parmi les six figures numérotées, trouvez celle qui complète la série.

1)

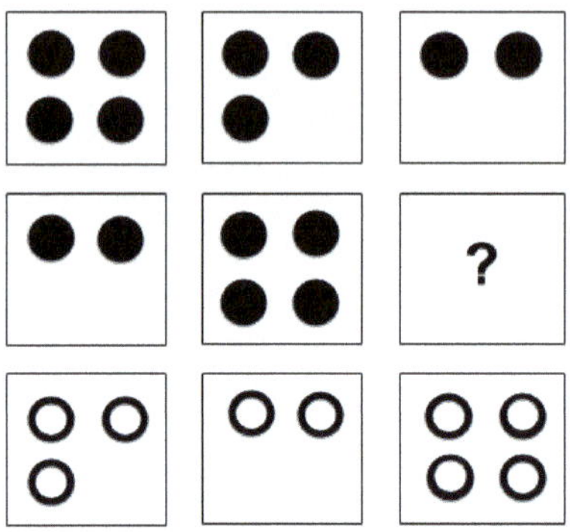

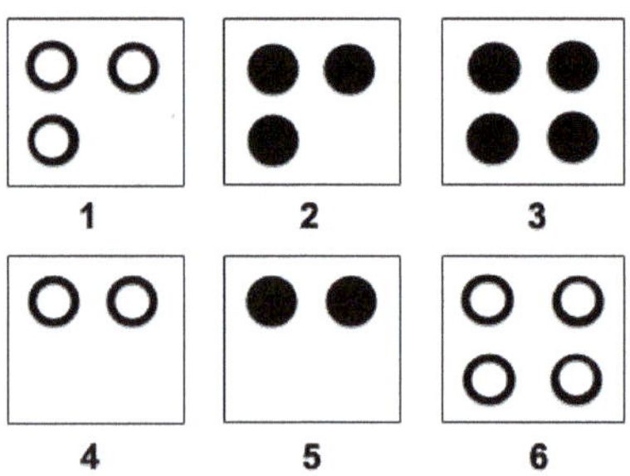

2)

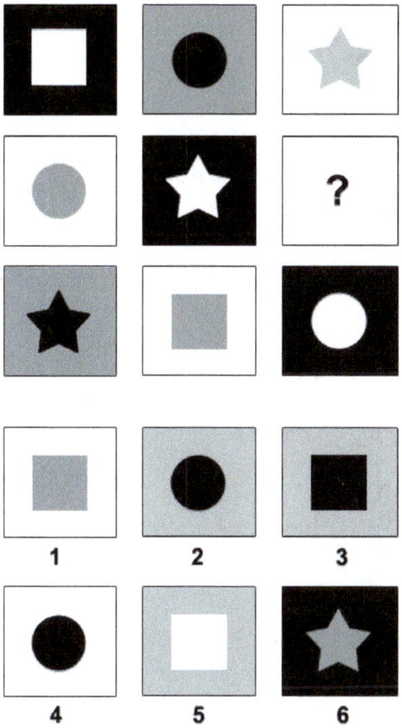

3)

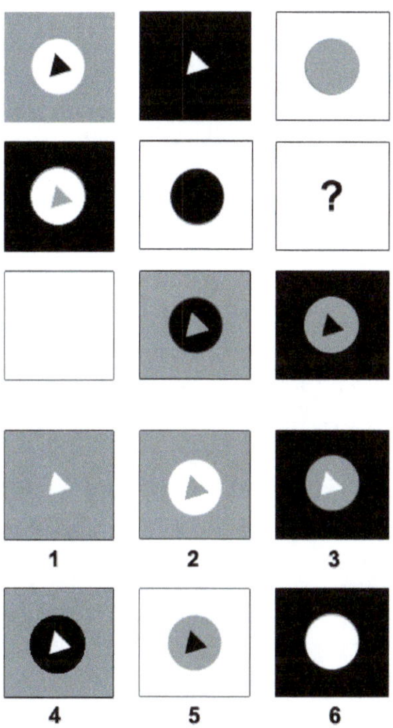

4)

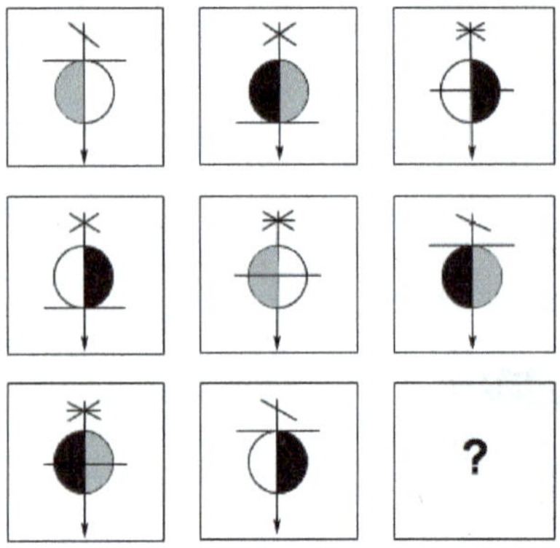

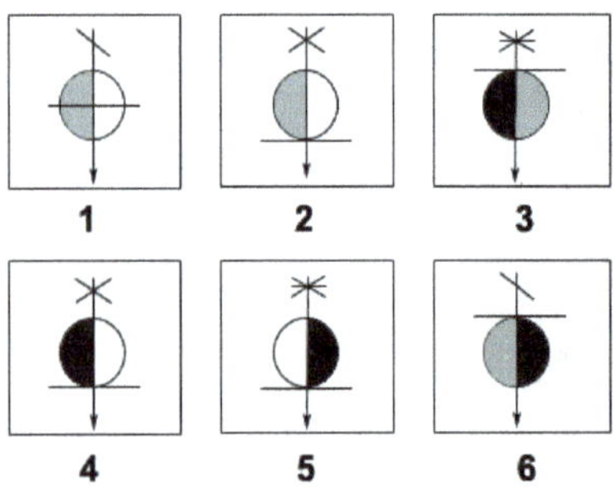

5)

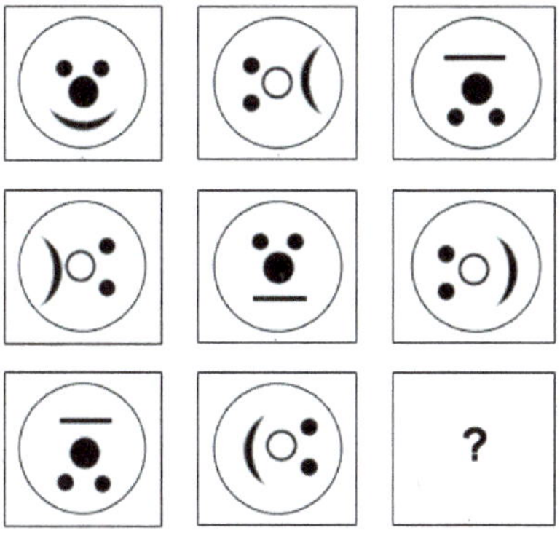

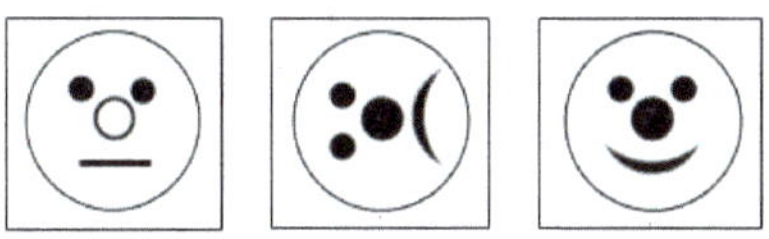

1 2 3

4 5 6

Série 9

Trouvez la pièce manquante des dominos.

1)

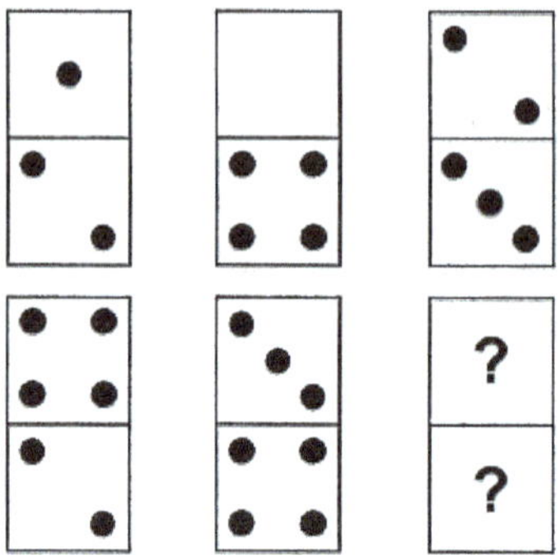

2)

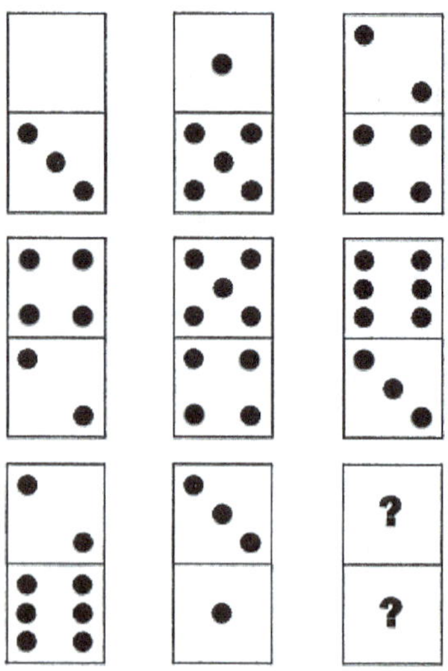

3)

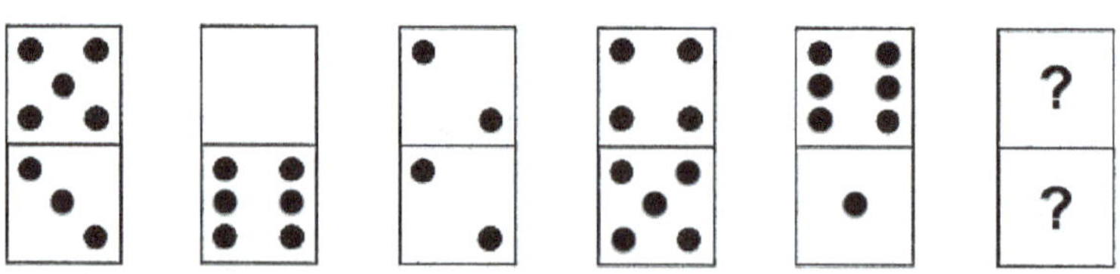

4)

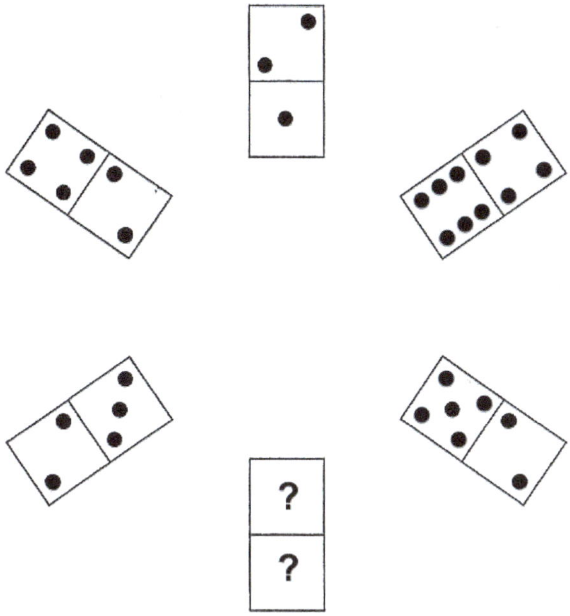

5)

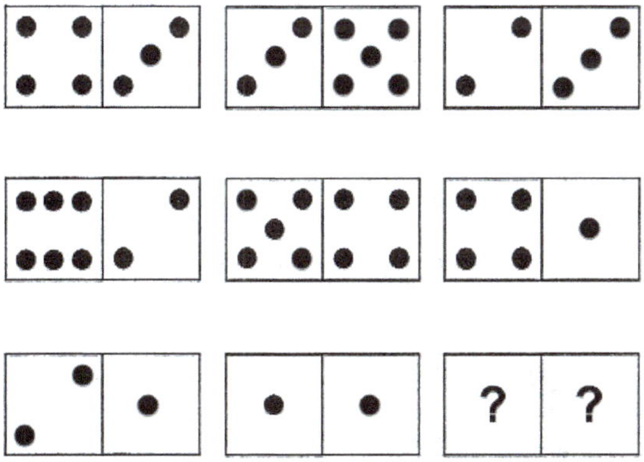

Corrigés des exercices

Série 1

1) 7 et 16

2) 3,42 kg
7,5 - 6,14 = 1,36 : c'est le poids de 1/3 des pièces.
1,36 × 3 = 4,08 : c'est le poids des pièces. 7,5 - 4,08 = 3,42

3) Dans 11 ans
B = âge de Boris actuel ; B + 7 = 2(B - 2) ; donc il a 11 ans en ce moment.

4) 19,2 cm

5) 16
Si x = nombre de boules en bois et y = nombre de boules en métal.
On obtient $250x + 950y = 17\,300$
$x + y = 30$

6) 215

7) 7

8) 16 %
724 × 100 / 4 525

9) 18 mètres
Quantité d'huile pour un tiers de la cuve = 1 944 000 litres
Pour toute la cuve, 5 832 000 litres soit 5 832 000 dm^3 ou 5 832 m^3
$\sqrt[3]{5\,832} = 18$

10) 7,5 %
100 × 1 875 / 25 000

Série 2

1) Un crayon coûte 0,40 euro et un stylo coûte 1,50 euro.

2) 48 minutes

$4 \times 60 / 5 = 48$

3) $d = \frac{20}{12} + \frac{70}{3} + \frac{120 \times 9}{4} = 295$ km. $t = \frac{1}{12} + \frac{1}{3} + \frac{9}{4} + \frac{1}{6} = \frac{17}{6}$ heures.

$Vm = \frac{d}{t} = 104{,}12$ km/h

4) 8,5 tonnes

Poids chargé - poids 3/4 vide = 3/4 du chargement : 13,5 - 9,75 = 3,75 t

La totalité du chargement est :

$\frac{3{,}75 \times 4}{3}$ = 5 tonnes, que l'on déduit du poids chargé : 13,5 - 5 = 8,5 t

5) 33

Nous avons : 88 / 4 = 22

22 × 3 = 66

66 / 2 = 33

6) 201,56

Prix hors taxes :

1 180 / 1,206 = 978,44.

Donc 1 180 - 978,44 = 201,56

7) 18 840 euros

x = nombre d'étudiants ; y = prix du voyage. On obtient : $320x = y - 600$

et $336x = y + 312$

D'où $x = 57$ et $y = 18\,840$

8) 848

B = nombre de timbres de Blaise

B + 4B + 3B = 1 696 et B = 212

9) 1827
En 1917, Rémi avait 30 ans, donc Marc en avait 90.
1917 - 90 = 1827

10) 27 euros
Prix initial du 1er article :
60 × 100 / 80 = 75 euros
Soldé à 60 euros
Prix initial du 2e article :
60 euros - (60 × 20) / 100 = 48 euros
Prix initiaux - prix soldés :
135 - 108 = 27 euros

Série 3

1) 9
Nombre au milieu = (nombre à droite + nombre à gauche) × nombre en bas :
(2 + 1) × 3 = 9.

2) 27
Nombre au milieu = nombre à droite × nombre à gauche + nombre en bas :
4 × 6 + 3 = 27.

3) 28
Nombre au milieu = (nombre à droite + nombre à gauche + nombre en bas) × 2 :
(3 + 4 + 7) × 2 = 28.

4) 32
Nombre en bas = nombre à droite × nombre à gauche - nombre au milieu :
8 × 9 - 40 = 32.

5) 4
Nombre en bas = nombre au milieu / (nombre à droite - nombre à gauche) :
20 / (24 - 19) = 4.

Série 4

1) 18
En commençant par 3 et en avançant dans le sens des aiguilles d'une montre, on obtient une suite croissante où chaque nombre croît d'un point de plus que le précédent (+ 1, + 2, + 3, + 4, + 5).

2) 126
En commençant par 4 et en avançant dans le sens des aiguilles d'une montre, on obtient une suite croissante où chaque nombre est égal au nombre précédent multiplié par 2 plus 2.

3) 45
Les nombres dans les camemberts de gauche sont obtenus en multipliant par 3 les nombres dans les camemberts opposés.

4) 15
Les nombres dans les camemberts de gauche sont obtenus à partir des nombres opposés en divisant par 2.

5) 21
Les nombres dans les camemberts à gauche sont obtenus à partir des nombres opposés par leur multiplication par 4 plus 1 : $5 \times 4 + 1 = 21$.

Série 5

1)

19
25

Il y a deux séries de nombres : celle du haut et celle du bas. On obtient les nombres de ces deux séries en ajoutant au nombre précédent en haut : + 3, + 4, + 5, + 6 et en bas : + 4, + 5, + 6 et + 7.

2)

16
64

La série du haut est composée de nombre 1^2, 2^2, 3^2, 4^2, 5^2. La série du bas est composée de nombres 1^3, 2^3, 3^3, 4^3, 5^3.

3)

2
1

En haut, nous avons une suite décroissante où chaque nombre diminue de deux points par rapport au nombre précédent. En bas, nous avons une suite décroissante composée de nombres 5^2, 4^2, 3^2, 2^2, 1^2.

4)

25
2

Ici, il y a également deux séries. Mais pour chaque nouvelle paire de nombres, le numérateur et dénominateur sont alternés. Dans la première série, chaque nombre augmente de 3 par rapport au nombre précédent : 13 - 16 - 19 - 22 - 25. Dans la deuxième série, chaque nombre diminue de 6 par rapport au nombre précédent : 26 - 20 - 14 - 8 - 2.

5)

49
41

Comme dans l'exercice précédent, pour chaque nouvelle paire de nombres, le numérateur et dénominateur sont alternés. Les nombres des deux séries sont calculés de manière suivante :
1re série : nombre précédent multiplié par 2 moins 1 : 4 - 7 - 13 - 25 - 49.
2e série : nombre précédent multiplié par 3 moins 1 : 1 - 2 - 5 - 14 - 41.

Série 6

1)

M
14

En haut, on obtient les éléments en avançant à chaque fois de quatre lettres dans l'ordre alphabétique. En bas, on ajoute 3 au nombre précédent.

2)

L
5

Les séries numérique et littérale sont croisées. Les éléments de la série numérique sont obtenus de manière suivante : - 4, - 3, - 2. Les éléments de la série littérale : + 4, + 3, + 2 dans l'ordre alphabétique.

3)

26
Z

On obtient les nombres de la manière suivante : nombre précédent multiplié par 2 moins 2.
Pour obtenir la série des lettres, on les numérote dans l'ordre alphabétique. Ensuite, on inscrit en bas une lettre dont le rang dans l'alphabet correspond au nombre en haut.

4)

61
AF

Pour obtenir les nombres, on ajoute 12 au nombre précédent. Pour obtenir la série des lettres, on procède comme dans l'exercice précédent mais on inverse l'ordre de lettres dans chaque configuration.

5)

24
C

Pour obtenir les nombres, on multiplie par 2 le nombre précédent. Pour obtenir la série des lettres, on numérote l'alphabet dans le sens inverse. Ensuite, on inscrit en bas une lettre dont le rang dans l'alphabet inversé correspond au nombre en haut.

Série 7

1) LUI

Les lettres étant numérotées dans l'ordre alphabétique, on trouve :
12 = L, 21 = U, 9 = I.

2) 37

Les nombres sont obtenus comme somme des rangs dans l'alphabet des lettres composant le mot :
4 + 9 + 24 = 37.

3) 10

Les nombres correspondent au nombre de lettres dans les mots respectifs.

4) 4

Les nombres correspondent au nombre de consonnes dans les mots respectifs.

5) 2

Les nombres correspondent au nombre de lettres i dans les mots respectifs.

6) 10

ELLE = 8, alors LE = 4 et nous avons deux possibilités :
soit L = 1 et E = 3,
soit L = 3 et E = 1.
Si L = 1 et AIL = 9, alors AI = 9 - 1 = 8.
Ce qui est impossible, car A et I sont deux chiffres différents et nous avons le choix entre 2, 4 et 5.
Alors la seule solution possible est L = 3 et donc AI = 6 (2 et 4).
Maintenant on calcule :
AILE = 6 + 4 = 10.

Série 8

1) 2

On remarque que, dans chaque rangée, nous avons trois figures : à quatre, trois et deux ronds. Alors l'élément manquant de la deuxième rangée doit avoir trois ronds. Par ailleurs, les trois éléments de la même rangée sont de même couleur. Donc la figure recherchée a trois ronds noirs.

2) 3

On fait attention à trois éléments composant les figures : la couleur du fond, le motif au centre et la couleur de ce motif. On remarque que, dans la même rangée, ces trois éléments sont différents pour chaque figure. Donc la figure recherchée est un carré noir sur fond gris.

3) 1

On fait attention à la couleur des trois éléments composant les figures : celles du fond, du rond et du triangle. On remarque que, dans la même rangée, les couleurs de ces trois éléments sont différentes d'une figure à l'autre (ce qui rend certains éléments invisibles). La figure recherchée a donc un triangle blanc, un rond gris et un fond gris.

4) 2

On remarque que les figures de la même rangée ont trois éléments différents : le nombre de traits en haut de la flèche, la position de la barre centrale et la couleur du rond. Alors la figure recherchée a deux traits en haut de la flèche et la barre centrale en bas du rond gris et blanc.

5) 6

On fait attention aux trois éléments des figures : forme de la bouche, couleur du nez et position du visage. On remarque que, dans chaque rangée, les bouches des trois personnages sont différentes. La couleur du nez dans la 3e colonne est identique à celle du nez dans la 1re. Et enfin, dans la même rangée, le visage est en rotation d'un quart de tour en sens inverse des aiguilles d'une montre d'une figure à l'autre.

Série 9

Attention : la case blanche s'intercale entre le 6 et le 1.
On a donc : 1 - 2 - 3 - 4 - 5 - 6 - blanc - 1 - 2 - etc.

1)

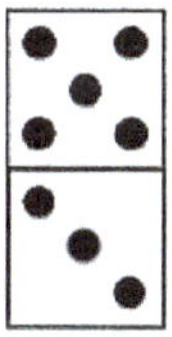

Le nombre total de points augmente d'un domino à l'autre et passe de 3 à 7 points. Le nombre total du dernier domino est donc 8. De plus, le nombre du bas de chaque domino est le même dans chaque colonne. Le domino recherché a donc 5 en haut et 3 en bas.

2)

Dans chaque rangée en haut, on augmente de 1 de gauche à droite. En bas, les nombres forment une suite intercalée (3 - 5 - 4, 2 - 4 - 3 et donc 6 - 1 - blanc). Le domino recherché a donc 4 en haut et est blanc en bas.

3)

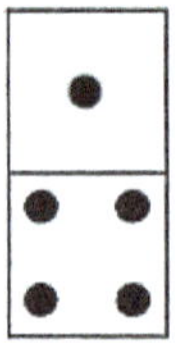

En haut, on augmente de 2 de gauche à droite.
En bas, on augmente de 3 de gauche à droite.
Le domino recherché a donc 1 en haut et 4 en bas.

4)

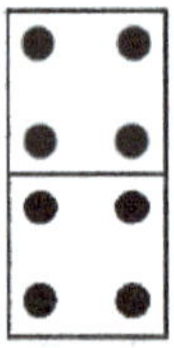

On remarque que le cercle extérieur alterne le 2 et le 4, le cercle intérieur est une suite croissante de 1 à 6. Le domino recherché a donc 4 en haut et 4 en bas.

5)

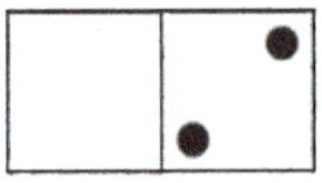

Le nombre à gauche décroît de 1 le long de chaque rangée. Pour la partie droite de la dernière rangée, on regarde les dominos par colonne :
3 - 2 = 1 ; 5 - 4 = 1 et donc 3 - 1 = 2. Le domino recherché est donc blanc à gauche et a 2 à droite.

LES ÉPREUVES PHYSIQUES DU CONCOURS DE GARDIEN DE LA PAIX

PARTIE III

1 | PRÉSENTATION DES ÉPREUVES PHYSIQUES

PREMIÈRE ÉPREUVE : PARCOURS D'HABILITÉ MOTRICE (PHM)

Consignes générales

L'examinateur qualifié chargé de noter doit expliquer chaque atelier composant le parcours en insistant particulièrement sur les notions « d'atelier tenté » et « d'atelier réussi » et leurs conséquences.
À allure modérée, le parcours est déroulé devant les candidats, dans les conditions définies par le présent arrêté et conformément aux précisions apportées par l'examinateur qualifié chargé de noter.
Il sera laissé la possibilité aux candidats de tester le parcours lors du temps consacré à l'échauffement. Les candidats pourront utiliser des gants ou de la magnésie.
Le rôle de l'examinateur qualifié chargé de noter est d'évaluer les candidats et non de conseiller ou d'enseigner des techniques.
Un seul candidat doit se trouver sur le parcours, le candidat suivant se présente lorsque le précédent a terminé cette épreuve.
Aucune aide de quelque nature que ce soit ne doit être apportée aux candidats (encouragements, conseils...), qu'elle provienne des évaluateurs ou des autres candidats.
Il revient au candidat qui déplace, renverse, retourne un élément du parcours d'habileté motrice de reconstituer l'atelier concerné lorsqu'il souhaite effacer la pénalité susceptible de lui être appliquée. Dans le cas contraire, c'est à l'examinateur qualifié chargé de noter de replacer l'agrès avant le départ du candidat suivant.

Le parcours comprend 10 ateliers.
Le parcours doit s'effectuer dans l'ordre prévu des ateliers. Tout atelier doit être tenté. Un atelier oublié est signalé immédiatement par l'examinateur qualifié chargé de noter, pour être effectué.
Tout atelier doit être réalisé conformément aux consignes ci-dessous, le non-respect des consignes entraînant la répétition de l'exercice.
En cas de réalisation incomplète ou incorrecte d'un atelier, il est attribué une pénalité forfaitaire de temps, s'ajoutant au temps total réalisé.
Tout atelier non tenté malgré les consignes ou un abandon du parcours, à quelque moment, entraîne la note de zéro à l'ensemble du parcours.
Un atelier tenté, bien que partiellement réalisé, entraîne la pénalité prévue mais pas la note de zéro.

La pénalité peut être annulée si le candidat recommence l'atelier et le franchit parfaitement. Pendant ce temps, le chronomètre continue de tourner.
Les pénalités et leur annulation doivent être annoncées à haute et intelligible voix : « pénalité », « pénalité annulée », « atelier non tenté ».
Les candidats n'ayant pas respecté le trajet matérialisé par les plots seront pénalisés - indépendamment des pénalités définies à l'atelier n° 10 - de 5 secondes par plot non contourné.
Les dixièmes de seconde ne sont pas pris en compte dans le temps réalisé par le candidat, la performance sera arrondie à la seconde inférieure.

Déroulement du PHM et nature des ateliers du parcours

Départ

Le départ se fait sur instruction de l'examinateur qualifié chargé de noter dans l'ordre des ateliers, numérotés de 1 à 10.

Atelier 1. Porter d'un sac lesté (hors chronométrage)

Poids du sac : 40 kg pour les hommes, 25 kg pour les femmes.
Cet atelier s'effectue en marchant sur une distance de 20 mètres. Le candidat saisit le sac par les poignées et le porte devant lui tout en le maintenant contre son abdomen. D'autres techniques de porter sont tolérées, dès lors que le contact entre le sac et le torse du candidat est maintenu pendant l'exécution de l'exercice.
L'atelier est réalisé une fois que le candidat a franchi l'arrivée avec le sac, sans l'avoir posé. Si le sac est posé, le candidat devra recommencer le porter en totalité.
Le nombre de tentatives est limité à trois.
Le temps mis pour effectuer cet atelier n'est pas comptabilisé dans le temps total du parcours d'habileté motrice, mais est limité à trois minutes.
Pénalité : En cas de non-respect des modalités ci-dessus, une pénalité forfaitaire d'un point est soustraite à la note obtenue au parcours.

Partie chronométrée

L'enchaînement entre la fin de l'atelier 1 et le début de l'atelier 2 ne doit pas excéder 15 secondes.
Le décompte débute à l'issue de la réalisation de l'atelier 1, à l'instant où le candidat dépose le sac.
15 secondes après avoir posé le sac, le chronométrage du PHM débute, même si le candidat n'a pas encore amorcé sa première flexion.

Atelier 2. Flexions extensions (« pompes »)

Pour faciliter l'évaluation de cet atelier, le candidat doit être porteur d'un vêtement permettant de contrôler efficacement la bonne réalisation de l'exercice.
Au départ de la partie chronométrée du PHM, le candidat doit être positionné les deux pieds joints derrière la ligne matérialisant le départ. La distance entre la ligne de départ et les pieds du candidat n'est pas fixée, il suffit que ses pieds soient positionnés derrière la ligne.
Un plot en mousse est placé entre les bras du candidat, au niveau des épaules.
Les « pompes » doivent être réalisées en position allongée, les bras perpendiculaires au sol, le corps bien aligné (tête, tronc, jambes), les jambes tendues. Le candidat descend le corps vers le sol en fléchissant les coudes jusqu'à ce que son buste vienne toucher le plot en mousse. Il tend de nouveau les bras, complètement, coudes verrouillés. Cinq mouvements pour les hommes - trois mouvements pour les femmes.
L'examinateur qualifié chargé de noter doit valider à haute voix les « pompes » correctement réalisées. Tant qu'il n'annonce pas « 5 » (hommes) ou « 3 » (femmes), l'exercice n'est pas entièrement réalisé.
Réussite :

- Position des mains : largeur du plot en mousse.
- Les coudes verrouillés.
- Les jambes tendues.
- Les pieds joints derrière la ligne de départ.
- L'examinateur qualifié chargé de noter valide les 3 ou 5 pompes.

Tentative : se mettre en position, et effectuer au moins une flexion.
Pénalité : Une pénalité de 10 secondes est attribuée au candidat qui n'a pas réalisé cet atelier.

Atelier 3. Franchissement de haies

Franchissement de trois haies type « EPS » (éducation physique et sportive). Hauteur des haies : 70 cm pour les hommes, 60 cm pour les femmes.
Espace entre chaque haie : 4 mètres.
Le franchissement des trois haies doit s'effectuer dans l'ordre de leur positionnement et dans leur axe.
Réussite : lorsque toutes les haies sont franchies (les haies renversées lors du franchissement n'occasionnent pas de pénalité).
Tentative : lorsque le candidat franchit au moins la première haie, même si celle-ci est renversée lors du franchissement.
Pénalité : Une pénalité de 10 secondes est attribuée au candidat qui n'a pas franchi les trois haies. Le renversement des haies n'entraîne pas de pénalité.

Atelier 4. Passage en équilibre sur poutre

Passage sur une poutre de 5 mètres de longueur, placée à 1 mètre de hauteur.
La montée sur la poutre doit être réalisée en position debout dans l'axe de la poutre et à l'aide d'un appui intermédiaire (marche d'une hauteur de 50 cm).
Sans l'aide des mains, une fois les deux appuis sur la poutre, la traversée de cet agrès doit se faire en équilibre. La tenue de la poutre, ou l'appui sur celle-ci au moment d'y accéder n'entraîne pas de pénalité.
La sortie de la poutre doit s'effectuer dans l'axe de celle-ci.
Le candidat qui ne réalise pas l'atelier comme décrit *supra*, a la possibilité d'annuler la pénalité en le reprenant au début. Il n'est pas prévu de tapis de réception à la sortie de la poutre.
Réussite : lorsque le corps du candidat est sorti de la poutre par son axe.
Tentative : lorsque les deux pieds sont sur la poutre, le candidat étant alors en équilibre sur la poutre sans l'aide de sa(ses) main(s).
Pénalité : Une pénalité de 10 secondes est attribuée au candidat qui n'a pas réalisé cet atelier.

Atelier 5. Multi-bonds dans cerceaux

Dans l'ordre de positionnement des cerceaux, progression par bonds successifs, un pied ou une pointe des pieds dans chaque cerceau posé sur le sol, sans les toucher.
L'atelier doit être réalisé sans s'arrêter. Si ce n'est pas le cas, pour ne pas être pénalisé, le candidat doit reprendre l'atelier au début, à partir du premier cerceau.
Diamètre des cerceaux : 70 cm.
Réussite : tous les cerceaux franchis, d'une seule traite, sans les avoir touchés.
Tentative : au moins un pied ou une pointe de pied dans le premier cerceau.
Pénalité : Une pénalité de 10 secondes est attribuée au candidat qui n'a pas réalisé cet atelier.

Atelier 6. Appuis alternés (d'un pied sur l'autre)

10 appuis doivent être alternativement effectués, un pied au sol et l'autre en contact avec le banc sans s'arrêter (5 sur la jambe gauche et 5 sur la jambe droite).
Le banc ne doit pas être tenu par l'examinateur qualifié chargé de noter et ne pas être lesté d'une charge augmentant sa stabilité.
L'examinateur qualifié chargé de noter doit valider à haute voix les appuis correctement réalisés. Tant qu'il n'annonce pas le nombre 10, cela sous-entend que l'exercice n'est pas totalement réalisé.

Lorsque les 10 appuis alternés ne sont pas réalisés sans s'arrêter, la pénalité peut être annulée si le candidat recommence à partir du premier appui et réussi cet atelier.
Hauteur du banc : 50 cm.
Réussite : 10 appuis alternés réalisés sans s'arrêter.
Tentative : dès le premier appui sur le banc.
Pénalité : Une pénalité de 10 secondes est attribuée au candidat qui n'a pas réalisé cet atelier.

Atelier 7. Franchissement de barrières

Franchissement de deux obstacles matérialisés par deux chevaux en mousse.
Ces deux chevaux doivent être franchis dans leur axe sans qu'ils soient renversés et sans que les balises latérales soient touchées, même légèrement.
Si le premier cheval est correctement franchi et que le candidat renverse ou touche les balises lors du passage du second cheval, la pénalité ne pourra être annulée que s'il repasse correctement le premier puis le second.
Hauteur : 1,20 m, largeur : 1,50 m. Espace entre les chevaux : 2,20 m.
Réussite : franchissement des deux obstacles sans les renverser et sans toucher les balises disposées sur les côtés.
Tentative : la ligne d'épaule a dépassé les balises et les pieds sont décollés du sol. Si l'obstacle est renversé, la tentative n'est pas constituée.
Pénalité : Une pénalité de 10 secondes est attribuée au candidat qui n'a pas réalisé cet atelier.

Atelier 8. Échelle horizontale

Progression, sans appui au sol, sous une échelle horizontale ou suspension, au choix du candidat.
Hauteur : 2,30 m ; longueur : 4 m ; largeur : 70 cm ;
Distance entre les barreaux : 50 cm
Avant son passage, le candidat peut ajuster les marchepieds lui permettant de réaliser cet agrès. Ce réglage n'incombe pas à l'examinateur qualifié chargé de noter.

Progression : Le candidat doit impérativement saisir le deuxième barreau des deux mains, ses pieds ne devant pas être en contact ni avec le sol ni avec les marchepieds. La saisie du premier barreau à deux mains n'entraîne pas de pénalités à partir du moment où ses pieds ne sont en contact ni avec le sol ni avec les marchepieds. La progression doit se faire jusqu'au barreau matérialisé qui indique la fin de cet agrès.
La distance de progression est de 3,50 mètres pour les hommes et de 2 mètres pour les femmes.

Réussite : progression complète, les pieds dans le vide, sans appui au sol jusqu'à la saisie à deux mains du barreau matérialisant la fin de cet atelier. Le candidat doit impérativement saisir à deux mains le second barreau qui matérialise le début de la progression. Il peut saisir à deux mains le premier barreau.
Tentative : après avoir saisi, à deux mains, le premier ou le second barreau, le candidat engage la progression en saisissant (à une ou deux mains) au moins le troisième barreau, ses pieds dans le vide.
Pénalité : Si cet atelier n'est pas réalisé, il est attribué une pénalité de 20 secondes pour les hommes et de 10 secondes pour les femmes.

Suspension : Le candidat doit rester suspendu des deux mains sans que ses pieds touchent terre, au barreau de son choix, durant 20 secondes pour les hommes et 15 secondes pour les femmes.
Réussite : suspension du candidat, au barreau de son choix dans le temps imparti.
Tentative : ayant saisi, à deux mains, le barreau de son choix, le candidat est suspendu, ses pieds dans le vide sans respecter le temps imparti.
Pénalité : Si le temps de suspension n'est pas réalisé, il est attribué une pénalité de 30 secondes pour les hommes et 20 secondes pour les femmes.

Atelier 9. Ramper

Ramper sous un dispositif formant un tunnel.
Hauteur : 0,50 m ; largeur : 1,20 m ; distance totale du « ramper » : 3 mètres.
Réussite : franchir sans toucher, même légèrement, les éléments composant le dispositif du « ramper ».
Tentative : passage de la ligne d'épaule au-delà de la première barre.
Pénalité : Une pénalité de 10 secondes est attribuée au candidat qui n'a pas réalisé cet atelier.

Atelier 10. Course en slalom

Course entre des cônes (plots), sur une distance de 45 mètres.
Les cônes doivent être contournés alternativement par la droite et par la gauche. Le premier cône doit impérativement être contourné par la droite.
Chaque plot doit être contourné sans être touché.
Si le premier plot n'est pas contourné par la droite, l'exercice est considéré comme étant non tenté.
Réussite : le slalom effectué sans aucun contact avec un des cônes.
Tentative : dès que le premier cône est contourné par la droite sans le toucher.
Pénalité : Une pénalité de 5 secondes est attribuée par plot non contourné ou touché.

Arrivée

Le chronomètre s'arrête lorsque le candidat franchit la ligne d'arrivée.
Le candidat prend connaissance de sa performance et émarge sa feuille de notation.

Récupération

Un délai de récupération d'au moins 30 minutes doit être observé avant le début de l'évaluation du test d'endurance cardio-respiratoire.

Schéma du parcours PHM

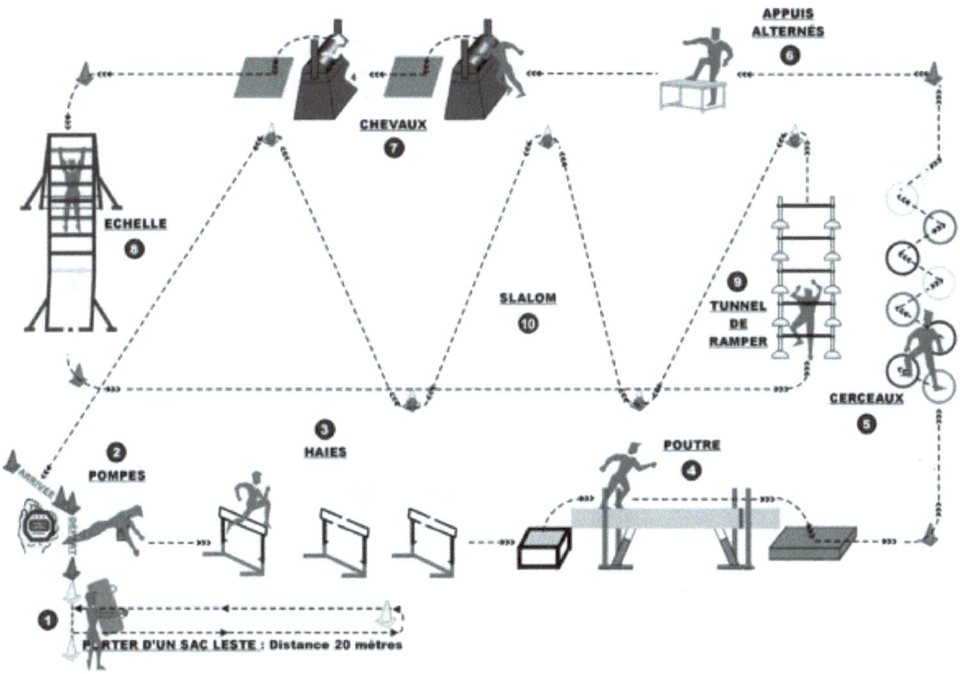

Barèmes du PHM

BARÈMES DU PARCOURS D'HABILETÉ MOTRICE (HOMMES / FEMMES)											
Temps (en mn)	Note sur 20		Temps (en mn)	Note sur 20		Temps (en mn)	Note sur 20		Temps (en mn)	Note sur 20	
	HOMME	FEMME		HOMME	FEMME		HOMME	FEMME		HOMME	FEMME
00:50	20	20	01:10	11,5	14,5	01:30	8,5	10	01:50	3,5	6,5
00:51	19,5	20	01:11	11,5	14	01:31	8,5	10	01:51	3	6
00:52	19	19,5	01:12	11	13,5	01:32	8	10	01:52	2,5	6
00:53	18,5	19,5	01:13	11	13,5	01:33	8	9,5	01:53	2	5,5
00:54	18	19	01:14	10,5	13	01:34	7,5	9,5	01:54	2	5,5
00:55	17,5	19	01:15	10,5	13	01:35	7,5	9,5	01:55	1,5	5
00:56	17	18,5	01:16	10,5	12,5	01:36	7	9,5	01:56	1	4,5
00:57	16,5	18	01:17	10,5	12	01:37	7	9,5	01:57	0,5	4
00:58	16	18	01:18	10	12	01:38	6,5	9	01:58	0	4
00:59	15,5	17,5	01:19	10	11,5	01:39	6,5	9	01:59		3,5
01:00	15	17,5	01:20	10	11,5	01:40	6,5	9	02:00		3
01:01	14,5	17	01:21	10	11,5	01:41	6	9	02:01		2,5
01:02	14	16,5	01:22	10	11	01:42	6	8,5	02:02		2
01:03	13,5	16,5	01:23	9,5	11	01:43	5,5	8,5	02:03		2
01:04	13	16	01:24	9,5	10,5	01:44	5,5	8	02:04		1,5
01:05	13	16	01:25	9,5	10,5	01:45	5,5	8	02:05		1
01:06	12,5	15,5	01:26	9,5	10,5	01:46	5	7,5	02:06		0,5
01:07	12	15	01:27	9	10,5	01:47	4,5	7,5	02:07		0
01:08	12	15	01:28	9	10	01:48	4	7			
01:09	11,5	14,5	01:29	8,5	10	01:49	4	7			

(*) Barèmes correspondant aux performances d'un candidat âgé, au 1er janvier de l'année de la première épreuve du concours, de moins de 30 ans. Il est ajouté : 1 point aux candidats âgés de 30 à 40 ans, et 2 points aux candidats âgés de plus de 40 ans.

SECONDE ÉPREUVE : TEST D'ENDURANCE CARDIO-RESPIRATOIRE (TECR)

Déroulement du TECR

Le test consiste à accomplir des allers et retours sur une distance de 20 mètres, à une vitesse progressivement accélérée.
Une bande sonore règle la vitesse en émettant des sons à intervalles réguliers et annonce la progression du candidat en termes de paliers et de fractions de paliers exprimées en temps (ex : palier 4, palier 7 - 45 secondes).
Il s'agit pour le candidat d'atteindre le palier ou la fraction de palier le ou la plus élevé(e) possible.
L'épreuve commence lentement, à 8 km/h, puis le rythme augmente progressivement toutes les minutes.
À compter de l'annonce « début du test », le candidat dispose de deux minutes pour calquer sa vitesse de course sur les signaux sonores. À chaque signal, il doit ajuster sa course pour se retrouver à une des extrémités du tracé des vingt mètres.
À chaque extrémité, il doit bloquer un de ses pieds immédiatement derrière la ligne pour amorcer son retour. Les virages en courbe ne sont pas admis.
Deux mètres maximum de retard sont admis à la condition de pouvoir, soit maintenir le retard, soit le combler lors des intervalles suivants. Si le retard s'accroît et devient peu à peu égal ou supérieur à deux mètres sans possibilité de le combler, le candidat arrête l'épreuve.
Le dernier palier ou la fraction de palier est alors retenu.

N.B. : le candidat qui glisse ou tombe pendant le test est autorisé à le poursuivre, mais l'incident n'entraîne pas l'interruption de la bande sonore.

Barèmes du TECR (*)

Note FEMMES	Performance réalisée	Note HOMMES		Note FEMMES	Performance réalisée	Note HOMMES
0	palier 1	0		12,5	palier 7-45 secondes	10
0	palier 1-15 secondes	0		13	palier 8	10
0	palier 1-30 secondes	0		13,5	palier 8-15 secondes	10,5
0	palier 1-45 secondes	0		14	palier 8-30 secondes	10,5
0	palier 2	0		14,5	palier 8-45 secondes	11
0	palier 2-15 secondes	0		15	palier 9	11
0	palier 2-30 secondes	0		15,5	palier 9-15 secondes	11,5
1	palier 2-45 secondes	0		16	palier 9-30 secondes	11,5
2	palier 3	0		16,5	palier 9-45 secondes	12
3	palier 3-15 secondes	0		17	palier 10	12
4	palier 3-30 secondes	0		17,5	palier 10-15 secondes	12,5
5	palier 3-45 secondes	0		18	palier 10-30 secondes	12,5
6	palier 4	0		19	palier 10-45 secondes	13
7	palier 4-15 secondes	0		20	palier 11	13,5
7,5	palier 4-30 secondes	0		20	palier 11-15 secondes	14
8	palier 4-45 secondes	0		20	palier 11-30 secondes	14,5
8,5	palier 5	1		20	palier 11-45 secondes	15
9	palier 5-15 secondes	2		20	palier 12	15,5
9,5	palier 5-30 secondes	3		20	palier 12-15 secondes	16
10	palier 5-45 secondes	4		20	palier 12-30 secondes	16,5
10	palier 6	5		20	palier 12-45 secondes	17
10,5	palier 6-15 secondes	6		20	palier 13	17,5
10,5	palier 6-30 secondes	7		20	palier 13-15 secondes	18
11	palier 6-45 secondes	8		20	palier 13-30 secondes	18,5
11	palier 7	8,5		20	palier 13-45 secondes	19
11,5	palier 7-15 secondes	9		20	palier 14	20
12	palier 7-30 secondes	9,5				

(*) Barèmes correspondant aux performances d'un candidat âgé, au 1er janvier de l'année de la première épreuve du concours, de moins de 30 ans. Il est ajouté : 1 point aux candidats âgés de 30 à 40 ans, et 2 points aux candidats âgés de plus de 40 ans.

2| SE PRÉPARER AUX ÉPREUVES PHYSIQUES

Dans le cadre de la préparation aux épreuves physiques du concours, nous vous donnons les conseils suivants :

- si vous êtes en surpoids, faites un régime alimentaire ;
- soyez régulier dans vos efforts (inutile de courir trois fois par semaine, puis plus du tout pendant un mois) ;
- les barèmes indiqués dans la description des épreuves du concours doivent vous permettre de vous évaluer et de vous rendre compte de vos progrès au cours de votre entraînement sportif ;
- établissez un programme d'entraînement cohérent et réaliste, conforme avec vos obligations professionnelles et personnelles ;
- tout au long de votre entraînement, pensez toujours à vous échauffer préalablement à vos efforts physiques et à bien vous étirer à l'issue de votre session ;
- dans la mesure du possible, s'entraîner à deux est toujours plus motivant que tout seul.

Enfin, pour éviter tout risque de blessure, nous vous recommandons de ne pas faire de sport la veille des épreuves.

Il y a deux épreuves sportives au concours :

- première épreuve : le parcours sportif ;
- seconde épreuve : le Luc Léger (dite épreuve cardio-respiratoire).

Les deux se font dans la même matinée ou après-midi. N'oubliez pas de prendre de l'eau et de quoi manger pour récupérer. Concernant la tenue, privilégiez des vêtements près du corps et longs (*legging* long, t-shirt long). En effet, l'avant-dernier atelier s'effectue allongé : il faut ramper, le sol est rugueux et accroche les coudes et les genoux.

Il n'y a pas vraiment de secret pour réussir ces deux épreuves : il faut s'entraîner régulièrement en amont. Les sportifs auront moins de difficulté dans la préparation des deux épreuves que les non-sportifs. Attention, prenez garde car ces deux épreuves ne sont pas si simples.

Le fractionné sur piste est le meilleur entraînement pour préparer le Luc Léger mais aussi le parcours puisqu'il prépare le « cardio ». En peu de temps, on peut voir une nette progression dans les temps, notamment au Luc Léger. Toutefois, il faut être assidu. Deux entraînements de « cardio » par semaine en 30/30, c'est-à-dire trente secondes de course et trente secondes de repos sur une distance de 100 à 120 mètres ; sinon du 15/15 sur une distance de 70/80 mètres ou encore 1 min 30/1 min 30 c'est-à-dire 1 min 30 de repos et 1 min 30 de course à 80 % de la

VMA (vitesse maximale aérobie) autour de la piste. Il ne faut pas oublier de changer les exercices pour ne pas habituer le corps au même effort.

En plus du « cardio », il est aussi conseillé de travailler la course de fond en courant une ou deux fois par semaine pendant au moins 45 minutes.

Faire du renforcement musculaire permet de travailler les deux épreuves. Ici encore, il faut privilégier les pompes et les abdominaux car l'ensemble permet d'acquérir de l'explosivité et d'améliorer son temps au parcours et au Luc Léger.

Pouvoir accéder à un parcours pour préparer les épreuves sportives est un vrai plus. Avant votre passage officiel, il est fortement conseillé de vous entraîner en amont sur un parcours qui ressemble à celui de l'examen. Cela permet d'éviter des erreurs. De plus, vous verrez ainsi quels sont les ateliers qui vous font défaut et qu'il faut travailler.

C'est la même chose pour le Luc Léger. Il faut le faire une première fois pour voir son temps et le refaire toutes les deux à trois semaines en suivant le programme de renforcement « cardio » et *footing* ; la progression sera significative.

Le barème des hommes est nettement plus difficile que celui des femmes.

Pour les non-sportifs, il faut s'y prendre bien à l'avance.
Il n'y a pas de secret : pour réussir des épreuves sportives, il faut s'y préparer.

LES ÉPREUVES D'ADMISSION DU CONCOURS DE GARDIEN DE LA PAIX

PARTIE IV

Il existe quatre épreuves d'admission pour le concours externe de gardien de la paix :

- un entretien avec le jury ;
- une épreuve de QCM interactif ;
- une série d'épreuves physiques ;
- une épreuve de langue étrangère.

Pour approfondir votre préparation aux épreuves orales d'admission, nous vous conseillons vivement de vous reporter au manuel *Concours police, gendarmerie, défense - Tout pour l'oral* (écrit par Marc Dalens et publié aux éditions Studyrama). Vous y trouverez de nombreux conseils et exercices pour vous entraîner à l'entretien avec le jury, ainsi que pour améliorer votre communication orale et gérer votre stress.

1 | L'ENTRETIEN AVEC LE JURY

■ PRÉSENTATION DE L'ÉPREUVE D'ENTRETIEN AVEC LE JURY

L'épreuve d'entretien avec le jury est la plus déterminante des épreuves d'admission.
Cette épreuve est la seule où le candidat se trouvera directement en face de professionnels.
L'épreuve d'entretien avec le jury dure 25 minutes et est affectée d'un coefficient 4. Il n'existe pas de note éliminatoire pour l'épreuve d'entretien avec le jury.
Selon l'arrêté du concours de gardien de la paix, la vocation de l'épreuve d'entretien avec le jury est « *d'apprécier les qualités de réflexion et les connaissances du candidat ainsi que son aptitude et sa motivation à exercer l'emploi postulé* ».
Les examinateurs disposent, pour aide à la décision, des résultats des tests psychotechniques passés par le candidat au moment de l'admissibilité, interprétés par le psychologue, ainsi qu'un *curriculum vitæ* détaillé comportant les motivations pour l'emploi postulé produit par le candidat avant l'épreuve.

La composition du jury

Le jury est composé de quatre membres :
- un membre du corps de conception et de direction de la police nationale (commissaire de police ou commissaire divisionnaire) qui assurera les fonctions de président de jury ;
- un membre du corps de commandement de la police nationale (lieutenant de police, capitaine de police ou commandant de police) ;
- un membre du corps d'encadrement et d'application de la police nationale (mais uniquement un gradé : brigadier de police, brigadier-chef ou brigadier-major) ;
- un psychologue.

Le déroulement de l'épreuve d'entretien avec le jury

Concrètement, le jour de l'épreuve d'entretien avec le jury, le candidat patientera dans une salle d'attente en compagnie d'autres candidats admissibles. Puis il sera introduit dans la salle, devant le jury. Ensuite, le jury précisera au candidat la durée de l'entretien et lui demandera de se présenter.
Après cette présentation, qui dure quelques minutes, le jury peut interroger le candidat sur son parcours, ses motivations et sa connaissance du métier de gardien de la paix. Pour évaluer le profil du candidat, le jury peut être amené à poser des questions de mise en situation professionnelle. Le jury pourra également questionner le candidat à propos des institutions publiques

(État et collectivités territoriales) ou de toute autre question de culture générale (il n'existe pas véritablement de programme pour l'épreuve d'entretien avec le jury). Il est aussi possible que le jury demande au candidat son opinion personnelle sur un fait d'actualité ou sur une question donnant lieu à débat.
Enfin, le jury mettra fin à l'entretien.

Les attentes du jury

La vocation essentielle de l'épreuve d'entretien avec le jury est de déterminer si le candidat est apte à exercer les responsabilités de gardien de la paix.
Un candidat doit donc :

- connaître le métier auquel il se destine (pour cela, vous pouvez notamment vous reporter aux développements de ce manuel présentant le métier de gardien de la paix) ;
- pouvoir satisfaire aux exigences morales que l'on est en droit d'attendre de la part d'un agent de l'autorité ;
- avoir une vision claire du fonctionnement des institutions publiques, sans pour autant en posséder une maîtrise approfondie ;
- être capable de répondre de manière argumentée et pondérée à une question portant sur l'actualité ou donnant lieu à débat ;
- répondre de manière nuancée et réfléchie aux questions de mise en situation professionnelle.

LE RÔLE DU JURY

Évacuons tout de suite une idée reçue trop répandue chez les candidats aux concours : en aucun cas, le jury n'est là pour piéger les candidats. Le jour du concours, vous éviterez d'être pollué par les bruits de couloir, l'intoxication ambiante propre aux candidats déçus ou malintentionnés. Tenez-vous à l'écart de ce genre de discussions et concentrez-vous pour préserver vos moyens.

Vous devez savoir que les membres du jury sont très souvent désignés selon le mode du volontariat et apprécient de rencontrer les candidats aux différents concours. Ce sont donc des professionnels rompus à la pratique de jurys d'oraux et souhaitant poursuivre cet engagement en plus de leur travail quotidien et de leurs missions habituelles. Compte tenu de cette situation, le candidat doit donc bien se rendre compte que les membres du jury se trouvent dans un état d'esprit résolument positif. De fait, ils ont choisi de consacrer une partie de leur temps de travail à la participation à un jury.

Concernant le rôle essentiel du jury, il est, sur la base de la prestation du candidat, d'apprécier ses qualités de réflexion et ses connaissances, ainsi que son aptitude et sa motivation à devenir officier ou commissaire.

APPRENDRE À GÉRER SON STRESS

Tout d'abord, il vous faut savoir qu'il est illusoire de faire totalement disparaître son stress. En effet, celui-ci est une manifestation physique naturelle, dont les effets peuvent parfois être salutaires (exemple : un individu fuyant une agression aura une force et une vitesse décuplées).

En revanche, si vous êtes sujet au trac, il vous faudra chercher à le maîtriser le plus possible, ou plus exactement à le retourner en votre faveur. En effet, le stress peut être exploité comme une source supplémentaire d'énergie disponible. En quelque sorte, le stress peut constituer un « coup de fouet » bénéfique qui se traduira à travers le dynamisme et la force de conviction du candidat.

Concrètement, entraînez-vous à parler en public en profitant de chaque occasion : fête de famille, réunion sportive ou associative, débat public, obligation professionnelle... À chaque fois, vous progresserez dans votre expression orale et diminuerez votre trac le moment venu.

De même, lorsque certaines situations de la vie courante sont intimidantes pour vous (comme parler à un inconnu ou participer à un débat public en donnant votre point de vue), forcez-vous à dépasser votre stress et évaluez-vous *a posteriori*.

Si ces exercices vous paraissent réellement au-dessus de vos forces, en raison d'une timidité extrême ou d'un blocage psychologique, il ne faut pas hésiter à prendre rendez-vous chez un psychologue. Ce professionnel est formé pour vous aider et saura certainement trouver la manière qui vous permettra de dépasser ce cap psychologique.

QUE FAIRE EN CAS DE STRESS LE JOUR DE L'ORAL ?

L'attente avant d'entrer dans la salle est toujours un moment délicat. Vous êtes confronté aux autres candidats, vous scrutez les mines déconfites de ceux qui sortent de la salle, vous pouvez être déstabilisé par la confiance excessive et ostentatoire de certains...

Il est fortement conseillé d'éviter les abus de café, de sucreries et de cigarettes pour tenter de combattre le stress. Nous vous suggérons plutôt de recourir à la méthode suivante : dans la mesure du possible, isolez-vous. Posez les mains sur vos genoux, en position assise. Tenez-vous bien droit, mais dans une position qui vous est confortable. Fermez les yeux, faites le vide dans votre esprit et représentez-vous une image positive (un bon souvenir, votre dernier fou rire, un paysage agréable...). Inspirez et expirez fortement, le cas échéant avec la bouche.

Vous pouvez également pratiquer quelques étirements. Insistez en particulier sur la nuque, les bras, les épaules et le dos. Inspirez et expirez franchement. Faites quelques exercices pour vous détendre les muscles du visage (bailler, faire une grimace...). À l'aide de ces exercices, vous vous détendrez et vous évacuerez une bonne partie de votre stress.

SE PRÉPARER À L'ÉPREUVE D'ENTRETIEN AVEC LE JURY

Épreuve fondamentale et décisive du concours, l'entretien avec le jury doit faire l'objet d'une préparation sérieuse de la part des candidats.

Adopter une posture physique correcte

En vous exprimant devant le jury, nous vous recommandons de :
- vous tenir droit sur le dossier de votre chaise (après que le jury vous a invité à vous asseoir) ;
- regarder tous les membres du jury ;
- tenir vos mains au-dessus de la table, mais sans les bouger à l'excès ;
- garder les genoux serrés.

Voici quelques conseils sur le plan de la tenue :
- présentez-vous devant le jury avec une tenue correcte (pas nécessairement en tailleur ou en costume-cravate, mais le *jogging* et le *jean* sont à proscrire) ;
- si vous achetez une tenue neuve et/ou des chaussures pour le jour de l'oral, portez-les avant pour vous sentir plus à l'aise le moment venu ;
- les hommes doivent se présenter rasés et les jeunes femmes veilleront à ne pas trop se maquiller.

Le CV détaillé (concours externe)

Votre *curriculum vitae* (CV) détaillé doit être préparé à l'avance et aura une grande importance dans votre parcours de candidat. Il sera directement utilisé lors de votre entretien.
La rédaction de ce CV détaillé ne doit pas être perçue par le candidat comme une obligation formelle, mais plutôt comme une opportunité de se valoriser aux yeux du jury. En effet, il s'agit, à travers ce CV détaillé, de mettre en avant ses points forts.

Il est nécessaire de le structurer autour de deux axes :
- l'exposé de votre parcours, en faisant ressortir vos points forts et vos compétences ;
- l'exposé de vos motivations pour entrer dans la police nationale.

Étape par étape, nous allons à présent vous détailler les différentes phases de la préparation de votre CV détaillé.

■ Première étape : rédiger les éléments structurants de son CV

Nous vous recommandons en premier lieu d'établir un CV faisant ressortir vos parcours de formation et professionnel, afin d'en distinguer les points essentiels et de vous efforcer d'en dégager la cohérence.
Vous ferez ainsi figurer dans votre CV :
- votre état civil (âge et situation de famille) ;
- votre parcours scolaire (études, formation professionnelle, savoir-faire acquis, diplômes et qualifications obtenus) ;
- vos expériences professionnelles passées et actuelles (même sous forme d'emplois saisonniers ou ponctuels). Listez toutes vos expériences, même celles qui vous paraissent mineures ;
- vos loisirs et engagements éventuels (bénévolat, association...).

■ Deuxième étape : dégager ses points forts

Ensuite, sur la base de ces éléments structurants de votre CV, vous pouvez décrire brièvement ce que vos différentes expériences (formation, travail, loisirs, voyages...) vous ont apporté de manière positive (sur le plan humain, sur celui des compétences acquises, sur celui de l'évolution potentielle de votre carrière...).
Cette seconde étape vous permettra de compléter votre futur CV détaillé en compétences et en « savoir être ». Il faut, en effet, éviter de rédiger votre présentation personnelle uniquement sur une base chronologique. Un candidat qui se contenterait d'énumérer simplement les éléments chronologiques de son parcours serait pénalisé par une telle présentation sans plus-value, ni véritable intérêt.
En préparant votre CV détaillé, ne négligez pas les expériences effectuées et les compétences acquises en dehors du cadre professionnel (jobs d'été ou garde d'enfant, participation éventuelle à un commerce familial ou aide à l'activité professionnelle des parents, bénévolat, activités associatives, compétition sportive, mandat politique ou syndical...).
Même s'il n'existe pas de profil-type, et qu'au contraire la variété des parcours et des formations est une vraie richesse pour la police nationale, il n'en demeure pas moins qu'un socle de

compétences est toujours apprécié. Cherchez donc, à travers votre formation, votre parcours et vos expériences diverses, à dégager des points vous rattachant aux compétences suivantes :

• la curiosité intellectuelle : il existe de multiples métiers et spécialités chez les policiers, et une carrière se construira forcément autour de plusieurs missions différentes successives. La curiosité intellectuelle est en lien direct avec l'indispensable faculté d'adaptation ;

• la capacité de travailler en équipe : le travail dans la police implique de savoir composer avec d'autres types de caractères, des personnes d'autres âges ou milieux... ;

• le respect du principe hiérarchique : quelle que soit l'autonomie pouvant être laissée aux personnels, il n'en demeure pas moins qu'il existera toujours un chef entendant tenir son rôle et à qui il faut rendre des comptes. Il n'est pas toujours simple d'accepter l'autorité, notamment lorsque les décisions hiérarchiques peuvent paraître iniques ou critiquables. Le bon fonctionnement d'un service ou d'une unité repose sur l'obéissance, ainsi que sur le respect mutuel entre un chef et ses subordonnés ;

• le sens des responsabilités : quelle que soit la responsabilité confiée (garde d'enfant, travail d'été, encadrement sportif, aîné de famille nombreuse...), celle-ci est toujours valorisante pour peu qu'elle soit correctement présentée ;

• la rigueur : une intervention difficile, une situation tendue, ou même n'importe quelle mission de policier implique une grande rigueur professionnelle. Par conséquent, un réel sens du devoir et une faculté de concentration sur une tâche sont des atouts. D'une manière générale, réfléchissez bien à vos expériences et vos aptitudes acquises, en vous efforçant de les présenter sous un jour toujours positif ;

• la relation avec le public : vous serez amené à travailler au contact d'autres autorités et administrations, de professionnels du secteur privé et, d'une façon générale, du public. Tout cela implique une bonne présentation, une correction de langage, un sens du service et une faculté d'écoute. Par conséquent, les expériences commerciales ou d'accueil sont toujours appréciables de ce point de vue ;

• la capacité à travailler dans des conditions difficiles : vous serez bien évidemment amené à travailler sur le terrain, en semaine ou le week-end, avec des amplitudes horaires pouvant être élevées. Les missions impliquent une disponibilité, un sang-froid, un engagement moral et physique total en vue de la réussite de la mission, ainsi qu'une aptitude à travailler sur des terrains parfois très difficiles. Par conséquent, un candidat ayant exercé un emploi dans des conditions physiques ou pratiques potentiellement difficiles aurait un atout à faire valoir dans sa présentation. Il en va de même d'expériences un peu « rustiques » : pensionnat, scoutisme, expériences militaires, montagne et randonnées, navigation en équipage...

Cette liste des compétences et aptitudes n'est pas exhaustive. Ne cherchez donc pas à correspondre à tous les points et ne vous limitez pas non plus à cette liste. Restez toujours sur un mode de présentation dynamique et positif.

■ Troisième étape : présenter ses motivations pour entrer dans la police nationale

La suite logique de la présentation du parcours du candidat consiste à rédiger quelques phrases sur la nature des motivations pour devenir policier. Nous vous recommandons de bien réfléchir à vos motivations. Sans qu'il soit cependant exhaustif, vous pouvez vous reporter au tableau suivant :

Points à déterminer	Questions à se poser
Origine de la motivation	• Comment m'est venue l'envie de devenir gardien de la paix ? • Ce choix est-il ancien ou récent ? • Ai-je changé de choix ou douté de mon choix ?
Fondements de la motivation	• Pourquoi je souhaite devenir gardien de la paix ? • Quelle est ma principale motivation ? / Quelles sont mes principales motivations ? • Comment est-ce que je conçois le métier de policier ?
Cohérence de la motivation	• Suis-je prêt à accepter les contraintes du métier de policier ? • Ai-je les qualités attendues et le profil requis pour le métier de policier ? • Quelle image ai-je du métier de policier et correspond-elle à la réalité ? • Quelles compétences sont mises en œuvre dans l'exercice du métier de policier ? • Que pourrais-je apporter à la fonction de policier ?
Solidité de la motivation	• Quelles démarches ai-je entrepris pour me renseigner sur le métier de gardien de la paix ? • Comment me suis-je préparé au concours ? • Ai-je vraiment réfléchi à l'exercice de ce métier, à ses contraintes et à ses exigences ? • Ai-je rencontré des personnes exerçant le métier de policier ?

Cette présentation des motivations a pour but de donner le sentiment que le candidat est réellement motivé, a pris le temps de se renseigner sur les policiers, connaît un minimum les exigences inhérentes à ce métier et a travaillé sérieusement sa préparation au concours. Pour résumer, le candidat n'est pas là par hasard et sa présence dans les rangs de la police nationale pourrait être un atout.

Quatrième étape : s'entraîner à rédiger son CV détaillé

Sur la base des deux précédentes étapes, rédigez votre CV détaillé. Une page tapée sur ordinateur et imprimée doit suffire.
Soignez la présentation (saut de lignes, paragraphes...).
Rédigez une première version de votre CV détaillé, que vous laisserez reposer un jour ou deux, avant de rédiger une deuxième version.
Soumettez ensuite cette seconde version à votre entourage, et recommencez autant de versions que nécessaires pour rédiger ce CV détaillé.
Bien entendu, accordez une place toute particulière à l'orthographe.

Se préparer à la présentation devant le jury

La présentation devant le jury est la première étape de l'épreuve d'entretien avec le jury. En effet, vous allez être introduit devant le jury qui vous demandera de justifier de votre identité (pièce d'identité et convocation), puis vous demandera de vous présenter. Il est possible que le jury précise quels sont les éléments qui devront figurer dans votre présentation : études, parcours professionnel, loisirs et centres d'intérêt, motivations pour exercer le métier de gardien de la paix...

Pour vous préparer à vous présenter devant le jury, nous vous conseillons d'établir au préalable votre *curriculum vitæ* (CV). Vous ferez figurer dans votre CV : votre état civil (âge et situation de famille), votre parcours scolaire (études, diplômes et qualifications obtenus), vos expériences professionnelles passées et actuelles, vos loisirs et engagements éventuels (bénévolat, association...). Ensuite, vous décrirez brièvement ce que vos expériences personnelles (formation, travail, loisirs...) ont pu vous apporter de manière positive. Cet exercice vous permettra de synthétiser et de structurer votre parcours personnel.

Ensuite, afin de préparer la présentation de vos motivations pour exercer le métier de gardien de la paix, nous vous conseillons de bien réfléchir sur les raisons principales de votre candidature (goût de l'action, volonté de travailler en équipe, sens de la hiérarchie, souhait de travailler sur le terrain, diversité des missions...). Puis, vous les retracerez en quelques lignes, par exemple sous forme d'énumération si ces raisons sont multiples. Cette démarche vous aidera à voir plus clair dans vos motivations. Mais, en aucun cas, vous ne devez apprendre par cœur un discours à réciter devant le jury.
N'hésitez pas à faire part au jury de vos démarches pour vous renseigner sur le métier : rencontres avec des policiers, lecture de la presse spécialisée, suivi de l'actualité, visite de postes de police... Cela valorisera votre candidature et prouvera qu'elle est raisonnablement mûrie.

Vous pouvez clôturer votre présentation par une phrase ou une formule permettant au jury de comprendre que vous avez terminé votre présentation.

En toute hypothèse, nous vous recommandons de :
- ne pas réciter au jury un discours « tout prêt » : restez naturel ;
- vous montrer modeste : ne cherchez pas à impressionner le jury.

Se préparer aux questions du jury

Le fait d'être interrogé par un jury ne doit pas vous impressionner ou vous déstabiliser. En aucun cas, le jury ne cherchera à vous piéger. Ne soyez pas décontenancé parce que le jury vous coupe la parole et enchaîne sur une autre question.

Partez de l'idée que les questions du jury sont pour vous l'occasion de valoriser votre candidature (n'oubliez pas que vous passez un concours extrêmement sélectif).

Face aux questions du jury, vous devez :
- prendre le temps de bien comprendre la question (n'hésitez pas à demander au jury de répéter ou de préciser sa question) et de réfléchir un minimum à votre réponse ;
- être précis dans votre réponse, sans pour autant être trop long (même si vous avez des connaissances importantes concernant la question posée) ;
- prendre partie si la question le nécessite, mais en restant nuancé dans votre réponse ;
- vous montrer franc et naturel (le jury est composé de professionnels qui détecteront très vite un candidat qui chercherait à dissimuler sa réelle nature) ;
- être sincère : ne vous inventez pas des loisirs, expériences professionnelles ou personnelles imaginaires (lorsque le jury vous interrogera dessus, il se rendra vite compte de vos mensonges) ;
- ne pas hésiter à dire que vous ne savez pas répondre à la question posée.

Pour vous préparer aux questions du jury, vous devrez aussi :
- acquérir les connaissances théoriques nécessaires, notamment sur le fonctionnement des institutions publiques (ces connaissances figurent notamment dans ce manuel) ;
- connaître le métier pour lequel vous postulez (grâce à ce manuel, mais également en cherchant à rencontrer des policiers de différents services) ;
- vous tenir informé de l'actualité (par la télévision, la radio et internet, mais également en prenant l'habitude de lire tous les jours un quotidien).

Améliorer son expression orale

L'un des meilleurs moyens pour améliorer son expression orale est d'être filmé. Vous pouvez ainsi vous rendre compte par vous-même de vos défauts (gestuelle excessive ou inexistante, tics de langage ou nerveux, regard fuyant, difficultés d'élocution, bégaiements...).
L'attitude physique étant également très importante dans la réussite de l'épreuve d'entretien avec le jury, nous vous recommandons de visionner une seconde fois votre prestation, mais cette fois-ci en coupant le son.
Le fait d'être filmé vous permettra de juger du « naturel » de vos propos (vous ne devez pas réciter un discours préparé à l'avance). De plus, vous vous rendrez compte du temps passé à répondre aux questions notamment lors de votre présentation (elle ne saurait excéder une durée de cinq minutes, ni être inférieure à deux ou trois minutes).

Enfin, vous pouvez également vous entraîner à l'épreuve d'entretien avec le jury et améliorer votre expression orale en simulant un entretien oral. Ainsi, un ou plusieurs de vos proches peuvent constituer le jury. Ils vous donneront ensuite de précieuses indications sur votre prestation. Les questions qui suivent peuvent notamment vous être utiles dans l'élaboration de cette simulation de l'épreuve d'entretien avec le jury.

Exemples de questions posées lors de l'épreuve d'entretien avec le jury

Vous trouverez ci-après une liste indicative de questions susceptibles de vous être posées lors de l'épreuve d'entretien avec le jury. Nous n'indiquons délibérément pas les réponses à ces questions. En effet, pour les questions relatives à vos motivations ou vos opinions personnelles, vous devez bien avoir conscience qu'il n'y a pas de bonne ou de mauvaise réponse. L'essentiel est de vous montrer sincère et naturel devant le jury.

Voici quelques exemples de questions sur le parcours et la personnalité du candidat :
- Quels sont vos loisirs ?
- Quel est le dernier livre que vous avez lu ?
- Quel est le dernier film que vous avez vu ?
- Quel bilan pouvez-vous faire de vos études ?
- Qu'est-ce que vous a apporté telle ou telle expérience professionnelle ?
- Pratiquez-vous un sport d'équipe ?
- Selon vos proches, quels sont vos principaux défauts et vos principales qualités ?

Voici quelques exemples de questions sur les motivations et la connaissance du métier :

- Quel sens donnez-vous au concept de service public ?
- Accepterez-vous un emploi éloigné de votre région d'origine ?
- Qu'est-ce qui vous motive dans le métier de policier ?
- Que représente pour vous le port de l'uniforme ?
- Préférez-vous travailler seul ou en équipe ?
- Un policier peut-il effectuer un contrôle d'identité ?
- Que pensez-vous du port de l'arme ?
- Quel déroulement de carrière envisagez-vous ?
- Connaissez-vous des policiers ?
- Quels sont selon vous les principaux avantages/inconvénients du métier de policier ?
- Quelles doivent être les principales qualités d'un bon policier ?

Voici quelques exemples de questions sur le fonctionnement des institutions :

- Quelle est la durée du mandat du président de la République ?
- Pouvez-vous résumer en quelques points les pouvoirs de police du maire ?
- Comment est désigné le maire d'une commune ?
- Quels sont les principaux domaines de compétence de la région ?
- Quelle est la mission principale du procureur de la République ?

Voici quelques exemples de questions sur l'actualité ou donnant lieu à débat :

- Quelles sont les dernières élections pour lesquelles vous avez voté ? (notez bien que l'on ne vous demande pas pour qui vous avez voté...)
- Que pensez-vous de la France ?
- Que pensez-vous de la prison pour les mineurs ?
- Qui est le président des États-Unis ?
- Pouvez-vous citer dix pays membres de l'Union européenne ?
- Qui est le maire de votre commune ?
- Quel fait d'actualité a particulièrement retenu votre attention ?

Répondre aux questions de mise en situation professionnelle

Il n'est pas attendu de la part des candidats des réponses équivalentes à celles de policiers aguerris. L'enjeu est ici de prouver ses qualités de jugement et son bon sens moral.
Outre ses qualités, il est également attendu du candidat qu'il se soit familiarisé avec les obligations déontologiques et la nature des missions d'un gardien de la paix. De ce point de vue, la première partie de ce manuel vous donnera toutes les informations utiles. Il vous faut donc être familier des

notions de déontologie, de comportement professionnel (à l'égard du public, des collègues et de la hiérarchie) et d'obligations professionnelles. Il existe ainsi de nombreuses obligations s'attachant à une carrière dans la police nationale : adaptation à de nouvelles fonctions et responsabilités, cadre hiérarchique, mutations potentielles et premier emploi loin de la région d'origine, travail en équipe...

Ce qui importera dans vos réponses, c'est la recherche de la solution la plus favorable à l'intérêt général, au respect de la probité des agents publics et à celui de la légalité.
Vous pouvez donc travailler en priorité sur les notions de comportement déontologique concernant les sujets suivants : cadeaux offerts en remerciement d'un service, renseignement confidentiel sollicité par un proche, lien pouvant exister avec une entreprise faisant l'objet d'une procédure ou d'un contrôle de police, collègue ayant commis une faute professionnelle... Ces mises en situation professionnelle d'ordre déontologique impliquent des réponses réfléchies et nuancées, mais appuyées tant sur le bon sens et l'honnêteté que sur une connaissance de base des principes déontologiques, des droits et obligations des policiers, des sanctions administratives potentielles.

2| LE QCM INTERACTIF

■ PRÉSENTATION DE L'ÉPREUVE

Le QCM interactif est une nouvelle épreuve d'admission prévue par l'arrêté du 13 janvier 2014. Cette nouvelle épreuve prend la forme d'un « *test sous forme de questions/réponses interactives, pouvant comporter des mises en situation à caractère pratique et déontologique. Ce test fait appel à la mémoire visuelle des candidats pour déterminer leurs fonctions de perception, d'évaluation, de décision et leur vigilance. Dotés d'un boîtier de réponses électroniques, les candidats, après avoir visionné une image, disposeront de quinze secondes par question en rapport avec l'image observée pour répondre* ».

Cette épreuve dure vingt minutes et est affectée d'un coefficient 3.

Les candidats admissibles sont réunis dans une salle où est projetée sur un écran une série de diapositives. À chaque diapositive correspond une question avec plusieurs réponses possibles. Il n'existe qu'une seule bonne réponse par question.

Un total de 40 images seront projetées. Chaque image est projetée très brièvement, entre une et quelques secondes. Puis, les candidats disposent de 15 secondes pour répondre au QCM portant sur l'image projetée. Les réponses se feront par l'intermédiaire d'un boîtier électronique.

La palette des images sera élargie : portraits-robots, scènes d'accident de la route, d'interventions de police, de braquages...

En fonction des images, les questions peuvent porter sur le portrait-robot le plus ressemblant à une photographie, les différences entre deux photographies, sur la dangerosité réelle ou supposée de telle ou telle situation...

À travers cette épreuve, il est attendu des candidats qu'ils fassent preuve d'un esprit de décision rapide et sûr. L'arrêté du concours évoque les « fonctions de perception, d'évaluation, de décision et de vigilance ».

Compte tenu du fait que cette épreuve concerne aussi bien les candidats du concours externe que ceux du concours interne, il n'est pas nécessaire de disposer d'une expérience professionnelle préalable pour pouvoir la réussir. Néanmoins, compte tenu de la possibilité que certaines questions fassent appel à des notions de déontologie, il est souhaitable que les candidats connaissent les principaux éléments du code de déontologie commun à la police nationale et à la gendarmerie nationale. Ce code de déontologie se trouve dans les annexes de ce manuel.

SE PRÉPARER À L'ÉPREUVE

Pour vous préparer à cette épreuve, il convient de travailler simultanément sur votre mémoire visuelle et sur votre rapidité de réponse.
Différents exercices, nécessitant parfois l'aide d'une tierce personne, peuvent vous permettre de vous entraîner à l'épreuve de QCM interactif.

Exercer son sens de l'observation

Le sens de l'observation est une qualité essentielle d'un policier de terrain. En un coup d'œil, il doit être capable de reconnaître quelqu'un, même s'il ne dispose pour cela que d'une photographie ancienne ou de mauvaise qualité. De même, un bon policier est capable d'indiquer un signalement précis d'un individu qu'il a croisé très brièvement dans la rue.
Même si ces qualités sont parfois innées chez certains policiers, rien ne remplace l'expérience et la vigilance. Vous pouvez donc commencer à vous intéresser à votre environnement : quand vous allez dans un commerce dont vous avez l'habitude, essayez de remarquer ce qui a changé dans la configuration des lieux ou la présentation des gens, mémorisez l'ensemble des gens dans une file d'attente, tentez de décrire les passants que vous venez de dépasser dans la rue...

Mémoriser les principaux éléments de l'apparence physique

Cet exercice peut être pratiqué de trois manières :
• vous vous installez à un angle de rue ou à une fenêtre, où vous ne pouvez pas observer très longtemps les gens (ils ne feront que passer très vite devant vous), vous tenterez de les fixer rapidement, puis vous noterez tous les aspects de leur apparence physique (âge apparent, taille, vêtements, coiffure, port éventuel de lunettes, signes particuliers...). Un ami les prendra discrètement en photo, ce qui vous permettra ensuite de vous corriger et d'évaluer la qualité de vos observations. En pratiquant plusieurs fois cet exercice, vous affinerez fortement votre sens de l'observation ;
• vous utilisez un téléviseur ou un journal comportant des photographies de personnes, fixez l'image pendant une seconde (en utilisant un chronomètre), puis notez la description la plus complète possible, revoyez l'image et corrigez-vous ;
• demandez à un ami de choisir une série de portraits photographiques d'individus et de préparer une série de questions sur leur apparence physique, regardez l'image pendant une seconde (en utilisant un chronomètre), puis répondez aux questions.

Savoir observer les principaux éléments d'une scène de voie publique

En utilisant la fonction « pause » d'un téléviseur ou d'un lecteur DVD, ou bien en demandant à un ami de choisir dans un journal des photographies de scènes particulières (attentat, accident de la route, bagarre de rue...), vous pouvez voir la scène pendant une ou deux secondes. Puis répondez à une série de questions préparée à l'avance par votre ami. Les questions peuvent notamment porter sur la description de la scène (nombre de personnes présentes, couleur des voitures, description du lieu, nombre d'armes...) et sur la conduite à tenir (qui informer, comment intervenir, informations à communiquer en priorité...).

3| L'ÉPREUVE DE LANGUE ÉTRANGÈRE

PRÉSENTATION DE L'ÉPREUVE DE LANGUE ÉTRANGÈRE

L'épreuve orale de langue étrangère consiste en une conversation avec un examinateur dans la langue choisie.

Cette épreuve dure 10 minutes et est affectée d'un coefficient 1.

Les langues étrangères admises sont les suivantes : anglais, allemand, arabe littéral, espagnol et italien.

Les candidats indiquent la langue choisie au moment de leur inscription au concours. Ils ne peuvent en aucun cas en changer au moment des épreuves.

CONSEILS DE PRÉPARATION À L'ÉPREUVE DE LANGUE ÉTRANGÈRE

L'épreuve de langue étrangère se déroule sous la forme d'une discussion avec un examinateur. Il vous faut donc privilégier la forme orale de l'apprentissage de la langue étrangère :

- discutez en langue étrangère aussi souvent que possible avec des personnes disposant d'une maîtrise de cette langue suffisamment bonne pour pouvoir corriger vos défauts de prononciation, de vocabulaire ou de grammaire ;
- écoutez les émissions de radio en langue étrangère (sur un poste de radio ou sur internet) ;
- suivez sur le câble ou sur internet les bulletins d'information télévisée dans la langue choisie ;
- pour approfondir votre vocabulaire, lisez un journal dans la langue choisie en vous aidant d'un dictionnaire ;
- apprenez les traits fondamentaux du pays principal parlant la langue choisie (histoire, géographie, institutions...) ;
- regardez des films en version originale et masquez les sous-titres si vous vous sentez suffisamment à l'aise en langue étrangère ;
- apprenez à vous présenter dans la langue choisie, ainsi qu'à exposer vos motivations pour entrer dans la police nationale.

AUTO-ÉVALUATION EN ANGLAIS

Nous vous proposons l'exercice suivant afin de vous auto-évaluer en anglais. Si vous faites plus de trois fautes, vous devez impérativement réviser au moyen d'un manuel simple de langue anglaise.

Test

Sujet

1. We... a week in Spain two years ago.

a) spend
b) were spending
c) have spent
d) spent

2. ... you from? – I come from Italy.

a) Where are
b) What are
c) How are
d) Who are

3. They forgot... wallets at home and missed their flight.

a) they're
b) their
c) theirs
d) there

4. What is the the opposite of "dusty"?

a) clean
b) heavy
c) dark
d) small

5. My father stopped me and asked me where...

a) I am going.
b) am I going.
c) was I going.
d) I was going.

6. You... me, did you?

a) didn't hear

b) heard

c) heart

d) were hearing

7. What a surprise to see Mary! We... ten years!

a) did not meet since

b) met not for

c) did not have met since

d) haven't met for

8. Where is Sandra? In her bedroom, she... since you left.

a) has been sleeping

b) slept

c) sleeps

d) is sleeping

9. I never have coffee after 6... it makes me angry.

a) therefore

b) since

c) although

d) despite

10. This guy... the suspect's description.

a) matches

b) sits

c) catches

d) connects

Corrigé

1. We... a week in Spain two years ago.

a) spend

b) were spending

c) have spent

d) spent

2. ... you from? – I come from Italy.

a) Where are

b) What are

c) How are

d) Who are

3. They forgot... wallets at home and missed their flight.

a) they're

b) their

c) theirs

d) there

4. What is the the opposite of "dusty"?

a) clean

b) heavy

c) dark

d) small

5. My father stopped me and asked me where...

a) I am going.

b) am I going.

c) was I going.

d) I was going.

6. You... me, did you?

a) didn't hear

b) heard

c) heart

d) were hearing

7. What a surprise to see Mary! We... ten years!

a) did not meet since

b) met not for

c) did not have met since

d) haven't met for

8. Where is Sandra? In her bedroom, she... since you left.

a) has been sleeping

b) slept

c) sleeps

d) is sleeping

9. I never have coffee after 6... it makes me angry.

a) therefore

b) since

c) although

d) despite

10. This guy... the suspect's description.

a) matches

b) sits

c) catches

d) connects

■ EXERCICES

Sujet

■ I. Structure of the language and vocabulary

1. How long ago... his first film?

a) has he made
b) did he make
c) has he been making
d) would he make

2. Never before... this!

a) have I seen
b) did I see
c) I saw
d) I have seen

3. She... two good films this week.

a) see
b) has seen
c) sees
d) has been seeing

4. He... in London for 2 years when the war broke out.

a) was living
b) lived
c) has been living
d) had been living

5. Elvis... for years, but lots of people are still buying his records.

a) has died
b) is dead
c) dead
d) has been dead

6. If I... enough time I'll come and see you next week.

a) had
b) have
c) will have
d) would have

7. He denied... the question.

a) to have asked
b) asking
c) he has asked
d) to ask

8. Would you mind... louder?

a) speaking
b) to speak
c) and speak
d) speak

9. I must be careful... her.

a) to not disturb
b) in not disturbing
c) not to disturb
d) of not disturbing

10. Charles succeeded... the game.

a) to win
b) win
c) winning
d) in winning

11. I am used... coffee at breakfast.

a) drink
b) to drink
c) to drinking
d) drinking

12. He used... a lot when he was working.

a) smoke
b) to smoking
c) to smoke
d) smoking

13. It's no use... it's all over now.

a) crying
b) to cry
c) cry
d) to crying

14. There is no point... now, we have time.

a) to leave
b) leaving
c) of leaving
d) in leaving

15. His wife could not bear... anymore and left him.

a) his drink
b) his drinking
c) that he drinks
d) him to drink

16. They all suggested... early.

a) to start
b) starting
c) being started
d) having to start

17. ... in public was the difficult part.

a) Speak
b) The speaking
c) Speech
d) Speaking

18. I'd rather stay than...

a) go

b) to go

c) going

d) I go

19. She insists that he... a tie for the wedding.

a) wears

b) wear

c) had worn

d) was wearing

20. It is vital that he... the password.

a) remembers

b) remembered

c) will remember

d) remember

21. If I... you I would do it now.

a) was

b) am

c) were

d) had been

22. If only I... that before the test!

a) knew

b) had known

c) have known

d) would have known

23. I wish you... come and dine with me.

a) will

b) would

c) had

d) have

24. To... it may concern.

a) who

b) who's

c) whose

d) whom

25. He works as... pilot for... airline company.

a) a/a

b) a/the

c) a/an

d) the/the

26. He was caught travelling on the train without... ticket.

a) the

b) a

c) no

d) none

27. ... English cooking isn't as bad as... French say.

a) Ø/the

b) The/Ø

c) The/the

d) An/the

28. ... to be two options.

a) They exist

b) It exists

c) It seems

d) There seem

29. This old man lives...

a) on his own

b) on himself

c) by his own

d) on him

30. He visits them once every... week.

a) two
b) another
c) other
d) both

31. This is... of your business.

a) not any
b) no
c) nothing
d) none

32. I like... of humour.

a) their sense
b) their senses
c) the sense
d) sense

33. Everyone must have... ready.

a) his boarding pass
b) their boarding pass
c) one's boarding pass
d) their boarding passes

34. She gave...

a) a speech of two hours
b) a two-hours speech
c) a two-hour speech
d) about a two hour speech

35. He helped a... walk back home.

a) blind
b) blind people
c) blind person
d) blind one

36. If you look... you'll see it.

a) close enough

b) enough close

c) nearly enough

d) closely enough

37. John and Mary are very much...

a) unlike

b) alike

c) likely

d) like

38. There were... people at the meeting.

a) hundreds

b) a hundred of

c) hundreds of

d) hundred

39. The weather was... worse than expected.

a) very

b) quite

c) extremely

d) rather

40. The ticket was... than I thought.

a) cheapest

b) the cheapest

c) far cheaper

d) the cheaper

41. I need to... money to buy a car.

a) lend

b) hire

c) rent

d) borrow

42. Each diamond is... thousands of pounds.

a) valued
b) valuable
c) valid
d) worth

43. He has a cottage on the... of the Thames.

a) bank
b) landing
c) shore
d) coast

44. I know you have to go, I won't... you too long.

a) retard
b) withdraw
c) withstand
d) keep

45. Please... your seat belt.

a) attach
b) tie
c) bind
d) fasten

II. Reading comprehension

Choose the word that best fits in the blank.

"The Next New Thing" (Newsweek, December 2001), by Stephen Levy

We've been waiting (46) for the day when we and our machines are (47) without (48). Finally, the pieces are coming together. And life won't be (49). Is it finally time for the Wireless Big Bang, when all our devices, appliances and gadgets suddenly blend into a big mixture of connectedness, and everything and everybody is (50) with each other instantly and persistently? Relax, the answer is (51). We have yet to endure the futuristic vision of internet refrigerators that (52) the alarm when the milk is low. We do not (53) receive instant messages from the store after lingering at the store window for 40 seconds ("If you walk in now, that leather sofa in your field of vision is 10 % off..."). And we have yet to contemplate the (54) of privacy that being on, all the time will entail.

46.

a) for centuries
b) since 1999
c) for years
d) since the war

47.

a) attached
b) tied
c) wired
d) connected

48.

a) wires
b) ropes
c) chords
d) ties

49.

a) different
b) similar
c) better
d) the same

50.

a) in harmony
b) in keeping
c) in touch
d) in agreement

51.

a) of course

b) never

c) not

d) no

52.

a) blow

b) sound

c) set

d) rise

53.

a) actually

b) currently

c) recently

d) really

54.

a) loss

b) gain

c) win

d) improvement

Read the following text and choose the answer that best fits the text. Give only ONE answer per question.

Ask any unmarried, overworked middle-class person looking for love, and he or she will tell you it all seems hopeless. Finding Mr or Mrs Right is harder than ever. In the 1950s, the median age of marriage for women in the United States was 20, and it was not much more for men. Most well-educated women met their husbands at university, where there was an ample supply of suitable partners. Men could do the same, or find a wife in the suburbs where they grew up, or marry a girl in the office.

The marriage age has crept steadily upwards since then. A rising divorce rate means that more older people are searching for love for a second or third time. And in the past quarter of a century there has been no reliable institution where you can search for a prospective mate. Places like singles bars or health clubs often have much to be desired.

Of course, there is always the workplace, where so many Americans seem to be spending an increasing amount of their time. But the lawyers are busy thwarting that possibility: insurers against sexual-harassment litigation are starting companies where they ought to have "no-dating" policies.

So what is a single person to do? The answer, it appears, is to think like a company. You should "outsource" your social calendar to one of an increasing array of sophisticated matchmaking services that provide "assisted dating". It's Just Lunch (IJL) is a firm that arranges "pre-screened lunch dates" for busy professionals. IJL customers pay $1,000 a year for a minimum of 12 dates.

55. Finding a partner today in the USA is very difficult because:

a) there are fewer available men around.
b) men are not what they used to be.
c) people no longer get married when they're young.
d) women prefer to live on their own.

56. More people are now looking for partners because:

a) more people become single after getting divorced.
b) men and women both attend university.
c) people are more choosy than in the past.
d) people live longer.

57. Singles bars are not the right places to meet partners because:

a) there are only men there.
b) people go there just to drink.
c) the air there is full of smoke.
d) the text implies that people cannot meet there partners who are serious about marriage.

58. Finding the right partner at work is in fact harder now because:

a) people are overworked.
b) workers are getting older and older.
c) working people are getting divorced.
d) flirting at work is discouraged.

59. People can find partners thanks to IJL because:

a) they can eat there.

b) they pay a lot of money to join.

c) IJL candidates are carefully selected.

d) they drink a lot at IJL parties.

60. People should easily find partners at work because:

a) they spend a lot of time there.

b) companies encourage marriage.

c) companies pay for health club fees.

d) a lot of people there get divorced.

Corrigé

I. Structure of the language and vocabulary

1. How long ago... his first film?

a) has he made

b) did he make

c) has he been making

d) would he make

2. Never before... this!

a) have I seen

b) did I see

c) I saw

d) I have seen

3. She... two good films this week.

a) see

b) has seen

c) sees

d) has been seeing

4. He... in London for 2 years when the war broke out.

a) was living

b) lived

c) has been living

d) had been living

5. Elvis... for years, but lots of people are still buying his records.

a) has died

b) is dead

c) dead

d) has been dead

6. If I... enough time I'll come and see you next week.

a) had

b) have

c) will have

d) would have

7. He denied... the question.

a) to have asked

b) asking

c) he has asked

d) to ask

8. Would you mind... louder?

a) speaking

b) to speak

c) and speak

d) speak

9. I must be careful... her.

a) to not disturb

b) in not disturbing

c) not to disturb

d) of not disturbing

10. Charles succeeded... the game.

a) to win

b) win

c) winning

d) in winning

11. I am used... coffee at breakfast.

a) drink

b) to drink

c) to drinking

d) drinking

12. He used... a lot when he was working.

a) smoke

b) to smoking

c) to smoke

d) smoking

13. It's no use... it's all over now.

a) crying

b) to cry

c) cry

d) to crying

14. There is no point... now, we have time.

a) to leave

b) leaving

c) of leaving

d) in leaving

15. His wife could not bear... anymore and left him.

a) his drink

b) his drinking

c) that he drinks

d) him to drink

16. They all suggested... early.

a) to start

b) starting

c) being started

d) having to start

17. ... in public was the difficult part.

a) Speak

b) The speaking

c) Speech

d) Speaking

18. I'd rather stay than...

a) go

b) to go

c) going

d) I go

19. She insists that he... a tie for the wedding.

a) wears

b) wear

c) had worn

d) was wearing

20. It is vital that he... the password.

a) remembers

b) remembered

c) will remember

d) remember

21. If I... you I would do it now.

a) was

b) am

c) were

d) had been

22. If only I... that before the test!

a) knew

b) had known

c) have known

d) would have known

23. I wish you... come and dine with me.

a) will

b) would

c) had

d) have

24. To... it may concern.

a) who
b) who's
c) whose
d) whom

25. He works as... pilot for... airline company.

a) a/a
b) a/the
c) a/an
d) the/the

26. He was caught travelling on the train without... ticket.

a) the
b) a
c) no
d) none

27. ... English cooking isn't as bad as... French say.

a) Ø/the
b) The/Ø
c) The/the
d) An/the

28. ... to be two options.

a) They exist
b) It exists
c) It seems
d) There seem

29. This old man lives...

a) on his own
b) on himself
c) by his own
d) on him

30. He visits them once every... week.

a) two

b) another

c) other

d) both

31. This is... of your business.

a) not any

b) no

c) nothing

d) none

32. I like... of humour.

a) their sense

b) their senses

c) the sense

d) sense

33. Everyone must have... ready.

a) his boarding pass

b) their boarding pass

c) one's boarding pass

d) their boarding passes

34. She gave...

a) a speech of two hours

b) a two-hours speech

c) a two-hour speech

d) about a two hour speech

35. He helped a... walk back home.

a) blind

b) blind people

c) blind person

d) blind one

36. If you look... you'll see it.

a) close enough

b) enough close

c) nearly enough

d) closely enough

37. John and Mary are very much...

a) unlike

b) alike

c) likely

d) like

38. There were... people at the meeting.

a) hundreds

b) a hundred of

c) hundreds of

d) hundred

39. The weather was... worse than expected.

a) very

b) quite

c) extremely

d) rather

40. The ticket was... than I thought.

a) cheapest

b) the cheapest

c) far cheaper

d) the cheaper

41. I need to... money to buy a car.

a) lend

b) hire

c) rent

d) borrow

42. Each diamond is... thousands of pounds.

a) valued
b) valuable
c) valid
d) worth

43. He has a cottage on the... of the Thames.

a) bank
b) landing
c) shore
d) coast

44. I know you have to go, I won't... you too long.

a) retard
b) withdraw
c) withstand
d) keep

45. Please... your seat belt.

a) attach
b) tie
c) bind
d) fasten

II. Reading comprehension

Choose the word that best fits in the blank.

"The Next New Thing" (Newsweek, December 2001), by Stephen Levy

We've been waiting (46) for the day when we and our machines are (47) without (48). Finally, the pieces are coming together. And life won't be (49). Is it finally time for the Wireless Big Bang, when all our devices, appliances and gadgets suddenly blend into a big mixture of connectedness, and everything and everybody is (50) with each other instantly and persistently? Relax, the answer is (51). We have yet to endure the futuristic vision of internet refrigerators that (52) the alarm when the milk is low. We do not (53) receive instant messages from the store after lingering at the store window for 40 seconds ("If you walk in now, that leather sofa in your field of vision is 10 % off..."). And we have yet to contemplate the (54) of privacy that being on, all the time will entail.

46.

a) for centuries
b) since 1999
c) for years
d) since the war

47.

a) attached
b) tied
c) wired
d) connected

48.

a) wires
b) ropes
c) chords
d) ties

49.

a) different
b) similar
c) better
d) the same

50.

a) in harmony
b) in keeping
c) in touch
d) in agreement

51.
a) of course
b) never
c) not
d) no

52.
a) blow
b) sound
c) set
d) rise

53.
a) actually
b) currently
c) recently
d) really

54.
a) loss
b) gain
c) win
d) improvement

Read the following text and choose the answer that best fits the text. Give only ONE answer per question.

Ask any unmarried, overworked middle-class person looking for love, and he or she will tell you it all seems hopeless. Finding Mr or Mrs Right is harder than ever. In the 1950s, the median age of marriage for women in the United States was 20, and it was not much more for men. Most well-educated women met their husbands at university, where there was an ample supply of suitable partners. Men could do the same, or find a wife in the suburbs where they grew up, or marry a girl in the office.

The marriage age has crept steadily upwards since then. A rising divorce rate means that more older people are searching for love for a second or third time. And in the past quarter of a century there has been no reliable institution where you can search for a prospective mate. Places like singles bars or health clubs often have much to be desired.

Of course, there is always the workplace, where so many Americans seem to be spending an increasing amount of their time. But the lawyers are busy thwarting that possibility: insurers against sexual-harassment litigation are starting companies where they ought to have "no-dating" policies.

So what is a single person to do? The answer, it appears, is to think like a company. You should "outsource" your social calendar to one of an increasing array of sophisticated matchmaking services that provide "assisted dating". It's Just Lunch (IJL) is a firm that arranges "pre-screened lunch dates" for busy professionals. IJL customers pay $1,000 a year for a minimum of 12 dates.

55. Finding a partner today in the USA is very difficult because:

a) there are fewer available men around.

b) men are not what they used to be.

c) people no longer get married when they're young.

d) women prefer to live on their own.

56. More people are now looking for partners because:

a) more people become single after getting divorced.

b) men and women both attend university.

c) people are more choosy than in the past.

d) people live longer.

57. Singles bars are not the right places to meet partners because:

a) there are only men there.

b) people go there just to drink.

c) the air there is full of smoke.

d) the text implies that people cannot meet there partners who are serious about marriage.

58. Finding the right partner at work is in fact harder now because:

a) people are overworked.

b) workers are getting older and older.

c) working people are getting divorced.

d) flirting at work is discouraged.

59. People can find partners thanks to IJL because:

a) they can eat there.

b) they pay a lot of money to join.

c) IJL candidates are carefully selected.

d) they drink a lot at IJL parties.

60. People should easily find partners at work because:

a) they spend a lot of time there.

b) companies encourage marriage.

c) companies pay for health club fees.

d) a lot of people there get divorced.

LES INSTITUTIONS FRANÇAISES ET EUROPÉENNES

PARTIE V

1 | RAPPELS SUR LES INSTITUTIONS FRANÇAISES ET EUROPÉENNES

Les points suivants seront traités :
- le président de la République ;
- le Premier ministre et le gouvernement ;
- le Parlement ;
- l'administration de l'État dans le département et la région ;
- les notions de base sur les institutions judiciaires ;
- les institutions européennes.

LE PRÉSIDENT DE LA RÉPUBLIQUE

Le président de la République et la Constitution de la Ve République

Depuis 1958, le régime politique de la France est la Ve République. Pouvant être définie comme la norme juridique supérieure organisant les institutions du pays, la Constitution de la Ve République a instauré un régime de type présidentiel.

Rédigée principalement par Michel Debré, la Constitution de la Ve République répond à la volonté du général de Gaulle de donner à l'exécutif les moyens d'assurer son rôle. Auparavant, entre 1946 et 1958, la IVe République, régime de type parlementaire, avait souffert d'une importante instabilité ministérielle.

En France, le président de la République occupe la plus haute fonction du pouvoir exécutif (qui est le pouvoir chargé de gérer la politique courante de l'État).

Le président de la République est ainsi le chef de l'État et des armées, ainsi que le garant de la Constitution.

Depuis 1962, le président de la République est élu au suffrage universel direct (il est élu directement par les Français), ce qui lui donne une incontestable légitimité nationale.

L'élection et le mandat du président de la République

La condition la plus importante pour être candidat à l'élection présidentielle est de recueillir au moins 500 signatures d'élus issus d'au moins 30 départements de France et d'outre-mer. Cette condition permet d'éliminer des candidatures fantaisistes ou trop minoritaires.

Le président de la République est élu pour un mandat de cinq ans (appelé quinquennat). Depuis 2002, le passage du septennat au quinquennat (ce qui entraîne l'organisation des élections présidentielles puis législatives à quelques semaines d'intervalles l'une de l'autre, rendant ainsi difficile l'hypothèse d'une nouvelle cohabitation) renforce encore son poids politique.

En cas d'empêchement ou de vacance de la présidence de la République, c'est le président du Sénat qui assurera l'intérim.

Le président de la République est irresponsable politiquement devant le Parlement : le Parlement ne peut lui demander de rendre compte de ses décisions et lui-même ne peut solliciter de vote de confiance de la part du Parlement (contrairement au Premier ministre).

Les pouvoirs du président de la République

Les attributions du président de la République sont principalement définies dans l'article 5 de la Constitution de 1958 : il « *veille au respect de la Constitution. Il assure par son arbitrage le fonctionnement des pouvoirs publics ainsi que la continuité de l'État. Il est le garant de l'indépendance nationale, de l'intégrité du territoire, du respect des accords de communauté et des traités* ».

Le président de la République nomme le Premier ministre.

Le président de la République promulgue les lois après leur adoption par le Parlement. Il préside également le Conseil des ministres, qui se tient généralement le mercredi à l'Élysée. Après la délibération au sein du Conseil des ministres, le président de la République signe les ordonnances et les décrets. Ce pouvoir réglementaire est partagé avec le Premier ministre.

À trois reprises au cours de la Ve République, il y a eu une cohabitation (le président de la République et le Premier ministre appartiennent à deux courants politiques différents, le Premier ministre appartenant au courant politique majoritaire au sein de l'Assemblée nationale), ce qui pose la question des pouvoirs propres du président de la République.

Sans avoir besoin de l'accord du Premier ministre, le président de la République peut :
- nommer le Premier ministre ;
- dissoudre l'Assemblée nationale ;
- saisir le Conseil constitutionnel ;
- présider le Conseil des ministres et le Conseil supérieur de la défense nationale.

Le président de la République peut décider également de consulter directement les Français sur une question précise (le référendum).

Le président de la République symbolise l'État français auprès des autres pays. Il est également le chef de la diplomatie : il accrédite les diplomates français et étrangers, il autorise la négociation et la ratification des traités internationaux.

Enfin, l'article 16 de la Constitution donne au président de la République des pouvoirs exceptionnels en cas de crise grave. Il peut prendre toutes les mesures qu'exigent les circonstances, mais celles-ci doivent être inspirées par la volonté d'assurer un retour à la normale dans les meilleurs délais. En période d'utilisation de l'article 16, le Parlement se réunit de plein droit et l'Assemblée nationale ne peut être dissoute. L'article 16 n'a été jusqu'ici utilisé qu'en 1961 par le général de Gaulle pendant la guerre d'Algérie.

Le président de la République et la justice

Le président de la République est garant de l'indépendance de l'autorité judiciaire. Il est, par ailleurs, le seul à disposer du droit de grâce.

Le président de la République est irresponsable pénalement et civilement. Ainsi, au cours de son mandat, sa responsabilité civile et pénale ne peut être engagée, sauf en cas de haute trahison. Dans ce cas, il sera jugé par la Haute Cour (composée de 11 sénateurs et de 11 députés). Jusqu'ici, cette hypothèse ne s'est jamais produite.

Les présidents de la Ve République

- **1958 - 1965 :** premier mandat présidentiel du général de Gaulle
- **1965 - 1969 :** second mandat présidentiel du général de Gaulle (élection au suffrage universel direct en 1965, démission en 1969 à la suite de l'échec du référendum sur la réforme du Sénat et la régionalisation)
- **1969 - 1974 :** mandat présidentiel de Georges Pompidou (décès en cours de mandat)
- **1974 - 1981 :** mandat présidentiel de Valéry Giscard d'Estaing
- **1981 - 1988 :** premier mandat présidentiel de François Mitterrand (1986 - 1988 : cohabitation avec Jacques Chirac comme Premier ministre)
- **1988 - 1995 :** second mandat présidentiel de François Mitterrand (1993 - 1995 : cohabitation avec Édouard Balladur comme Premier ministre)
- **1995 - 2002 :** premier mandat présidentiel de Jacques Chirac (1997 - 2002 : cohabitation avec Lionel Jospin comme Premier ministre)
- **2002 - 2007 :** second mandat présidentiel de Jacques Chirac
- **2007 - 2012 :** Nicolas Sarkozy
- **2012 - 2017 :** François Hollande
- **Depuis 2017,** Emmanuel Macron est président de la République.

Entraînement : QCM

Questions

1. Le président de la République dispose de tous ces pouvoirs, sauf un :
a) chef des armées
b) pouvoir de dissolution de l'Assemblée nationale
c) nommer les présidents des conseils régionaux
d) droit de grâce

2. On définit la cohabitation par :
a) la coexistence d'un président de la République et d'un gouvernement appartenant à des courants politiques opposés
b) le partage des signatures des décrets
c) le fait que deux majorités politiques différentes existent au sein de l'Assemblée nationale et du Sénat
d) le besoin d'une signature conjointe entre le Premier ministre et le président de la République pour certains textes de lois

3. Qui assure l'intérim est cas de vacance de la présidence de la République ?

a) Le Premier ministre
b) Le président de l'Assemblée nationale
c) Le président du Sénat
d) Le président du Conseil constitutionnel

4. La résidence habituelle du président de la République est :

a) le Quai d'Orsay
b) le palais Bourbon
c) l'hôtel Matignon
d) le palais de l'Élysée

5. Qui a été le premier président de la Ve République ?

a) Guy Mollet
b) René Coty
c) Charles de Gaulle
d) Vincent Auriol

Réponses

1. Le président de la République dispose de tous ces pouvoirs, sauf un :

a) chef des armées
b) pouvoir de dissolution de l'Assemblée nationale
c) nommer les présidents des conseils régionaux
d) droit de grâce

2. On définit la cohabitation par :

a) la coexistence d'un président de la République et d'un gouvernement appartenant à des courants politiques opposés
b) le partage des signatures des décrets
c) le fait que deux majorités politiques différentes existent au sein de l'Assemblée nationale et du Sénat
d) le besoin d'une signature conjointe entre le Premier ministre et le président de la République pour certains textes de lois

3. Qui assure l'intérim est cas de vacance de la présidence de la République ?

a) Le Premier ministre

b) Le président de l'Assemblée nationale

c) Le président du Sénat

d) Le président du Conseil constitutionnel

4. La résidence habituelle du président de la République est :

a) le Quai d'Orsay

b) le palais Bourbon

c) l'hôtel Matignon

d) le palais de l'Élysée

5. Qui a été le premier président de la Ve République ?

a) Guy Mollet

b) René Coty

c) Charles de Gaulle

d) Vincent Auriol

LE PREMIER MINISTRE ET SON GOUVERNEMENT

Avec le président de la République, le Premier ministre et son gouvernement partagent le pouvoir exécutif.

On peut définir le pouvoir exécutif comme celui qui est chargé de mettre en œuvre la politique de l'État. À ce titre, le pouvoir exécutif doit :

- veiller à l'ordre public et au respect de la loi ;
- diriger les forces armées ;
- décider de la politique étrangère de la France ;
- représenter l'État ;
- diriger l'ensemble des services publics de l'État et l'administration d'État ;
- édicter les règlements.

La nomination du Premier ministre

Le Premier ministre sera choisi et nommé par le président de la République. Il est généralement choisi en considération du courant politique majoritaire à l'Assemblée nationale.

Le président de la République met fin aux fonctions du Premier ministre sur présentation par celui-ci de la démission du gouvernement.

Lorsque le président de la République et le Premier ministre appartiennent à deux courants politiques opposés, il y aura une cohabitation. Dans cette hypothèse, chacun des deux chefs du pouvoir exécutif agira dans son domaine de compétence respectif.

Les pouvoirs du Premier ministre

Le Premier ministre est le chef du gouvernement. Il est également le chef de l'administration et le président de droit du Conseil d'État.

Le rôle du Premier ministre est essentiellement défini dans les articles 20 (« *Le gouvernement détermine et conduit la politique de la nation* ») et 21 (« *Le Premier ministre dirige l'action du gouvernement* ») de la Constitution de la Ve République. Le Premier ministre détient donc une mission d'impulsion et de direction de l'action gouvernementale.

Le Premier ministre peut saisir le Conseil constitutionnel sur une loi avant sa promulgation (le Conseil constitutionnel examinera la comptabilité entre la loi et les principes constitutionnels).

Le Premier ministre sera obligatoirement consulté si le président de la République souhaite utiliser les pouvoirs exceptionnels de l'article 16 de la Constitution.

Pour assurer l'exécution des lois et mener sa politique, le Premier ministre dispose de l'administration et de la force publique (l'armée, la police et la gendarmerie nationales).

De plus, le Premier ministre détient le pouvoir réglementaire, et nomme aux emplois civils et militaires, exception faite de ceux réservés au président de la République.

Le Premier ministre réside à l'hôtel Matignon.

Le gouvernement

Le gouvernement est composé du Premier ministre, des ministres et secrétaires d'État. Tous les membres du gouvernement sont nommés par le président de la République, sur proposition du Premier ministre. Les ministres et secrétaires d'État demeurent sous l'autorité du Premier ministre.

Les lois peuvent provenir des parlementaires (proposition de loi) ou du gouvernement (projet de loi). Les projets de loi sont délibérés en Conseil des ministres.

Il est responsable politiquement devant l'Assemblée nationale. Cette responsabilité politique peut être engagée de deux manières :
• à l'initiative du gouvernement, et après discussion en Conseil des ministres, lorsque le Premier ministre choisit d'engager la responsabilité politique de son gouvernement ;
• à l'initiative d'au moins 10 % des députés, qui décident de la mise au vote d'une motion de censure.

Si le Parlement vote majoritairement une motion de censure, il est logique que le gouvernement démissionne en raison du désaccord sur la politique qu'il entreprend.

Pour coordonner son action, le gouvernement se réunit en Conseil des ministres. Se tenant généralement le mercredi matin à l'Élysée, le Conseil des ministres est présidé par le président de la République.

Sur le plan pénal, les membres du gouvernement sont responsables des crimes et délits accomplis dans l'exercice de leur fonction. La juridiction compétente sera la Cour de justice de la République.

Liste des Premiers ministres de la Ve République

- **1958 - 1962 :** Michel Debré
- **1962 - 1968 :** Georges Pompidou
- **1968 - 1969 :** Maurice Couve de Murville
- **1969 - 1972 :** Jacques Chaban-Delmas
- **1972 - 1974 :** Pierre Messmer
- **1974 - 1976 :** Jacques Chirac
- **1976 - 1981 :** Raymond Barre
- **1981 - 1984 :** Pierre Mauroy
- **1984 - 1986 :** Laurent Fabius

- **1986 - 1988 :** Jacques Chirac (cohabitation avec François Mitterrand)
- **1988 - 1991 :** Michel Rocard
- **1991 - 1992 :** Édith Cresson
- **1992 - 1993 :** Pierre Bérégovoy
- **1993 - 1995 :** Édouard Balladur (cohabitation avec François Mitterrand)
- **1995 - 1997 :** Alain Juppé
- **1997 - 2002 :** Lionel Jospin (cohabitation avec Jacques Chirac)
- **2002 - 2005 :** Jean-Pierre Raffarin
- **2005 - 2007 :** Dominique de Villepin
- **2007 - 2012 :** François Fillon
- **2012 - 2014 :** Jean-Marc Ayrault
- **2014 - 2016 :** Manuel Valls
- **2016 - 2017 :** Bernard Cazeneuve
- **2017 - 2020 :** Edouard Philippe
- **Depuis juillet 2020**, Jean Castex est Premier ministre.

Entraînement : QCM

Questions

1. Comment est nommé le Premier ministre ?

a) Par un vote de l'Assemblée nationale
b) Par le gouvernement
c) Par le président de la République
d) Par un vote du Parlement réuni à cette occasion

2. Comment sont nommés les ministres composant le gouvernement ?

a) Par le Premier ministre
b) Par le président de la République, sur proposition du Premier ministre
c) Par l'Assemblée nationale
d) Par le Parlement

3. Qui jugera les ministres en cas de crime ou délit commis dans l'exercice de leur mandat ?

a) La Cour de cassation
b) Le Parlement
c) La Haute Cour de justice
d) La Cour de justice de la République

4. Une révision de la Constitution peut être proposée au président de la République par :

a) le gouvernement

b) le ministre de la Justice

c) le Premier ministre

d) le ministre de l'Intérieur

5. Où réside habituellement le Premier ministre ?

a) Au palais du Luxembourg

b) À l'hôtel Matignon

c) À l'hôtel de Lassay

d) Au Quai d'Orsay

Réponses

1. Comment est nommé le Premier ministre ?

a) Par un vote de l'Assemblée nationale

b) Par le gouvernement

c) Par le président de la République

d) Par un vote du Parlement réuni à cette occasion

2. Comment sont nommés les ministres composant le gouvernement ?

a) Par le Premier ministre

b) Par le président de la République, sur proposition du Premier ministre

c) Par l'Assemblée nationale

d) Par le Parlement

3. Qui jugera les ministres en cas de crime ou délit commis dans l'exercice de leur mandat ?

a) La Cour de cassation

b) Le Parlement

c) La Haute Cour de justice

d) La Cour de justice de la République

4. Une révision de la Constitution peut être proposée au président de la République par :

a) le gouvernement

b) le ministre de la Justice

c) le Premier ministre

d) le ministre de l'Intérieur

5. Où réside habituellement le Premier ministre ?

a) Au palais du Luxembourg

b) À l'hôtel Matignon

c) À l'hôtel de Lassay

d) Au Quai d'Orsay

LE PARLEMENT

En France, le Parlement est composé de deux chambres : l'Assemblée nationale et le Sénat. On qualifie ce système parlementaire de bicaméralisme.

Le pouvoir législatif est principalement détenu par le Parlement (le Parlement dispose du pouvoir de « faire la loi ») : l'article 34 de la Constitution prévoir que « *la loi est votée par le Parlement* ».

Le Parlement a également un rôle de contrôle de l'action du gouvernement.

Les parlementaires (députés et sénateurs)

L'Assemblée nationale est considérée comme la représentation nationale : les députés représentent directement le peuple. Les députés sont choisis par les électeurs d'une circonscription (chaque département compte plusieurs circonscriptions). Les 577 députés disposent d'un mandat renouvelable d'une durée de cinq ans. Depuis 2002, le passage du septennat au quinquennat entraîne l'organisation des élections législatives puis présidentielles à quelques mois d'intervalles l'une de l'autre, rendant ainsi difficile l'hypothèse d'une nouvelle cohabitation. L'Assemblée nationale choisit en son sein son président. En fin de mandat, toutes les circonscriptions sont renouvelées. L'Assemblée nationale siège au palais Bourbon. Le président de la République dispose du droit de dissoudre l'Assemblée nationale, ce qui provoquera de nouvelles élections législatives.

Les sénateurs sont élus au suffrage indirect dans chaque département. Le collège électoral les élisant est composé d'autres élus (ces « grands électeurs » sont les élus nationaux, régionaux, départementaux et des délégués des conseils municipaux). Depuis 2004, la durée du mandat des sénateurs a changé : ils sont élus pour six ans. Le Sénat se renouvelle par moitié tous les trois ans et se compose de 348 sénateurs. Le Sénat choisit en son sein son président (qui assurera l'intérim du président de la République en cas de vacance du pouvoir). Le Sénat siège au palais du Luxembourg.

Au sein de chaque assemblée, les parlementaires se réunissent dans des groupes en fonction de leur courant politique. L'examen des projets ou propositions de lois se fait au sein de commissions spécialisées (commissions des finances, de la défense...).

Sur le plan judiciaire, pendant toute la durée de leur mandat, députés et sénateurs bénéficient de l'inviolabilité parlementaire : ils ne peuvent faire l'objet d'une arrestation sans l'autorisation du bureau de l'assemblée dont ils font partie, sauf en cas de flagrant délit ou de condamnation définitive par un tribunal ; si l'Assemblée le demande, les poursuites peuvent être interrompues pour la durée de la session.

Enfin, mais de manière tout à fait exceptionnelle, les parlementaires peuvent exercer une fonction juridictionnelle éventuelle. En effet, l'Assemblée nationale et le Sénat élisent en leur sein les membres de la Cour de justice de la République (jugeant les crimes et délits commis par les membres du gouvernement dans l'exercice de leurs fonctions) et de la Haute Cour de justice (jugeant le président de la République en cas de haute trahison au cours de son mandat).

Le rôle du Parlement

La Constitution de la Ve République prévoit que l'initiative des lois appartient à la fois au Premier ministre et aux parlementaires. Le Premier ministre rédigera un projet de loi, et les parlementaires une proposition de loi.

Chaque chambre débat en son sein et vote la loi. En cas de désaccord entre les deux chambres sur le vote d'une loi, le gouvernement peut demander à l'Assemblée nationale de statuer définitivement sur le texte présenté. Représentant directement le peuple souverain, l'Assemblée nationale a ici le dernier mot.

En ce qui concerne la révision de la Constitution, le texte en question doit être voté par les deux chambres, puis soumis au référendum. Le président de la République peut aussi choisir de réunir l'Assemblée nationale et le Sénat - ce qui évite le référendum -, mais le texte devra être approuvé par les trois cinquièmes des parlementaires. La réunion de l'Assemblée nationale et du Sénat s'appelle le Congrès. Cette réunion se tiendra au château de Versailles.

Les relations entre le gouvernement et le Parlement

Le Parlement bénéficie de plusieurs moyens pour influer sur l'action du gouvernement :
- les parlementaires peuvent poser des questions écrites ou orales aux membres du gouvernement ;
- le budget de l'État est débattu et voté au Parlement chaque année ;
- le Premier ministre peut décider d'engager la responsabilité politique de son gouvernement devant l'Assemblée nationale (c'est la procédure du vote de confiance) ;
- l'Assemblée nationale peut décider du vote d'une motion de censure, qui doit être signée au préalable par au moins 10 % des députés souhaitant montrer leur désaccord avec la politique mise en œuvre par le gouvernement.

Le vote majoritaire d'une motion de censure ou le rejet du vote de confiance au gouvernement par l'Assemblée nationale peut conduire à la démission du Premier ministre et de son gouvernement.

Par ailleurs, le Parlement peut également contrôler l'action du gouvernement en mettant en place une commission d'enquête parlementaire.

Entraînement : QCM

Questions

1. Où siège l'Assemblée nationale ?

a) Au palais Bourbon
b) Au palais du Luxembourg
c) Au Quai d'Orsay
d) À l'hôtel de ville de Paris

2. Le système parlementaire français est qualifié de :

a) moniste
b) dualiste
c) bicaméral
d) holiste

3. Combien, au minimum, de députés doivent signer au préalable une motion de censure pour qu'elle soit débattue à l'Assemblée nationale ?

a) 5 %
b) 10 %
c) 20 %
d) 30 %

4. Une proposition de loi est un texte d'origine :

a) gouvernementale
b) parlementaire
c) judiciaire
d) locale

5. Les députés sont élus au sein :

a) d'un canton
b) d'une région
c) d'une circonscription
d) d'une ville

Réponses

1. Où siège l'Assemblée nationale ?

a) Au palais Bourbon
b) Au palais du Luxembourg
c) Au Quai d'Orsay
d) À l'hôtel de ville de Paris

2. Le système parlementaire français est qualifié de :

a) moniste
b) dualiste
c) bicaméral
d) holiste

3. Combien, au minimum, de députés doivent signer au préalable une motion de censure pour qu'elle soit débattue à l'Assemblée nationale ?

a) 5 %

b) 10 %

c) 20 %

d) 30 %

4. Une proposition de loi est un texte d'origine :

a) gouvernementale

b) parlementaire

c) judiciaire

d) locale

5. Les députés sont élus au sein :

a) d'un canton

b) d'une région

c) d'une circonscription

d) d'une ville

L'ADMINISTRATION D'ÉTAT DANS LE DÉPARTEMENT ET LA RÉGION

L'État est présent dans le département et la région de plusieurs manières. En premier lieu, les administrations de l'État sont déclinées dans les départements et régions. En second lieu, le préfet est le représentant direct de l'État dans les régions et départements.

Toutefois, avant d'examiner ces différents points, il convient de bien comprendre le concept de décentralisation. En effet, c'est notamment la décentralisation qui définit la répartition des compétences entre l'État et les collectivités territoriales.

Sur le plan de l'organisation générale des territoires, le Commissariat général à l'égalité des territoires (CGET) est l'autorité de pilotage. Il remplace la Délégation à l'aménagement des territoires (DATAR), le Secrétariat général du Comité interministériel des villes (SG-CIV) et l'Agence nationale pour la cohésion et l'égalité des chances (ACSÉ).

La décentralisation

On peut définir la décentralisation comme le transfert des pouvoirs de l'État à des personnes morales (tandis qu'un État centralisé est un État où toutes les décisions sont prises au niveau central). Ces personnes morales peuvent être de deux natures :

• des collectivités territoriales (commune, département, région). C'est la décentralisation territoriale ;

• ou bien des établissements publics qui, contrairement aux collectivités territoriales, n'auront qu'une compétence spécifique. On parle alors de décentralisation fonctionnelle.

La décentralisation territoriale a pour but de donner aux collectivités territoriales des compétences spécifiques et distinctes de celles de l'État. Ces collectivités territoriales seront administrées par des représentants élus (conseil municipal pour la commune, conseil départemental pour le département, conseil régional pour la région). Ce processus de décentralisation a pour vocation de rapprocher le plus possible les politiques publiques des besoins de la population (exemple : la commune a la charge de l'entretien et de la construction des écoles primaires).

La décentralisation fonctionnelle est le phénomène de création par l'État ou les collectivités territoriales d'un établissement public chargé de la gestion d'une activité spécifique (exemples : le musée du Louvre ou l'Office national de l'eau sont des établissements publics).

Naturellement, dans le cas de la décentralisation territoriale comme dans celui de la décentralisation fonctionnelle, l'État accompagne le transfert de compétences de l'octroi de moyens financiers permettant à la collectivité territoriale ou à l'établissement public de remplir sa mission.

En France, dans les années 1980, la décentralisation a été considérablement développée, notamment par les lois Deferre. Désormais, la décentralisation est un principe à valeur constitutionnelle.

Les administrations d'État dans les régions et départements

L'État français est largement un État décentralisé. Pour autant, les administrations d'État sont largement présentes dans toutes les régions et tous les départements. Concrètement, cette présence se manifeste essentiellement par les déclinaisons départementales et régionales des différents ministères (exemples : direction départementale de l'équipement, direction régionale de l'agriculture, direction départementale des affaires sanitaires et sociales...).

Le rôle de ces directions régionales et départementales est de relayer et d'adapter au niveau local les politiques décidées à l'échelon ministériel.

Le rôle du préfet

Le préfet est le représentant de l'État dans le département et la région. Ce haut fonctionnaire est rattaché au ministère de l'Intérieur. Il est nommé par le président de la République sur proposition du Premier ministre. Sa mission principale est de coordonner l'action de l'État au niveau local dans tous les domaines (emploi, environnement, santé, sécurité...). Pour remplir cette mission, il a autorité sur toutes les administrations d'État de la région ou du département.

Par ailleurs, il appartient au préfet :
- de contrôler la légalité des actes des collectivités territoriales ;
- d'organiser les élections au niveau local ;
- de mettre en œuvre les plans d'urgence ou de secours (plan Orsec, plan grand froid...) ;
- de gérer et de répartir au niveau local les dotations de l'État.

Bien que n'étant pas officier de police judiciaire, le préfet joue un grand rôle en matière de sécurité. En effet, il peut prendre des arrêtés préfectoraux en matière de sécurité publique. Les policiers municipaux et gardes champêtres seront alors chargés de veiller au respect de ces arrêtés préfectoraux.

Il existe :
- le préfet de région qui représente l'État dans la région et est également le préfet du département du chef-lieu de région ;
- le préfet du département qui est le représentant de l'État dans le département ;
- le sous-préfet qui est présent dans chacun des arrondissements d'un département et est soumis à l'autorité du préfet de département. Il convient de noter que la réforme de la carte des sous-préfectures est un débat actuel, même si les modalités exactes n'ont pas encore été définies.

Entraînement : QCM

Questions

1. La décentralisation est un principe à valeur :

a) légale
b) réglementaire
c) constitutionnelle
d) administrative

2. En France, les principales lois de décentralisation remontent au début des années :
a) 1960
b) 1970
c) 1980
d) 1990

3. Il y a un sous-préfet par :
a) région
b) département
c) arrondissement
d) canton

4. Le préfet est rattaché :
a) au ministère de l'Intérieur
b) au ministère de la Défense
c) directement au Premier ministre
d) directement au président de la République

5. Le préfet est :
a) élu
b) officier de police judiciaire
c) nommé par le président de la République
d) magistrat

Réponses

1. La décentralisation est un principe à valeur :
a) légale
b) réglementaire
c) constitutionnelle
d) administrative

2. En France, les principales lois de décentralisation remontent au début des années :
a) 1960
b) 1970
c) 1980
d) 1990

3. Il y a un sous-préfet par :
a) région
b) département
c) arrondissement
d) canton

4. Le préfet est rattaché :
a) **au ministère de l'Intérieur**
b) au ministère de la Défense
c) directement au Premier ministre
d) directement au président de la République

5. Le préfet est :
a) élu
b) officier de police judiciaire
c) nommé par le président de la République
d) magistrat

NOTIONS DE BASE SUR LES INSTITUTIONS JUDICIAIRES

Il existe en France trois types différents de juridictions :
- les juridictions civiles ;
- les juridictions pénales ;
- les juridictions administratives.

Les juridictions civiles

Les juridictions civiles sont compétentes pour statuer sur les litiges opposant deux particuliers, qu'il s'agisse de personnes morales ou de personnes physiques. Il existe des juridictions civiles de droit commun et des juridictions civiles d'exception.

Les juridictions civiles de droit commun

Les juridictions civiles de droit commun connaissent une triple hiérarchie : le tribunal judiciaire, la cour d'appel puis la Cour de cassation.
Le tribunal judiciaire est issu de la fusion des tribunaux de grande instance et des tribunaux d'instance. Le tribunal de grande instance et les tribunaux d'instance existants situés dans la

même commune sont devenus une seule juridiction : le tribunal judiciaire. Son ressort territorial correspond, en principe, au département.
Désormais, le tribunal judiciaire devient la seule juridiction de droit commun de première instance en matière civile, pénale et commerciale compétente pour les litiges n'ayant pas été attribués à une autre juridiction.
Le tribunal d'instance précédemment situé dans une commune différente du tribunal judiciaire devient une chambre détachée du tribunal judiciaire dénommée « tribunal de proximité ».
La cour d'appel sera la juridiction d'appel des jugements rendus par le tribunal judiciaire.
La cour d'appel sera saisie des jugements de plusieurs tribunaux judiciaires.
La Cour de cassation occupe le sommet de l'ordre judiciaire. Son rôle est de s'assurer du respect de la loi et de contrôler son application par les juges de la cour d'appel. Il faut noter que la Cour de cassation ne statue pas sur les faits, mais uniquement sur l'application de la loi par les autres juridictions. Comme pour la cour d'appel, les décisions de la Cour de cassation sont des arrêts.

Les juridictions civiles d'exception

Les juges des tribunaux de commerce sont des commerçants élus par leurs pairs. Pour l'essentiel, ils jugent les litiges liés aux activités commerciales (actes de commerce, baux commerciaux, liquidation judiciaire des entreprises en difficulté...).

Le conseil des prud'hommes est une juridiction professionnelle composée de magistrats professionnels et de juges élus (représentant en nombre égal les salariés et les employeurs). Ceux-ci se prononceront sur les litiges relatifs à l'exception d'un contrat de travail (licenciements...).

D'autres juridictions civiles d'exception connaîtront des litiges spécifiques : le juge de l'expropriation, le tribunal des affaires de la Sécurité sociale ou le tribunal paritaire des baux ruraux.

Entraînement : QCM

Questions

1. La fusion du tribunal d'instance et du tribunal de grande instance situés dans une même commune s'appelle :
a) Le tribunal de droit commun
b) Le tribunal civil
c) Le tribunal judiciaire
d) Le tribunal général

2. Le tribunal d'instance précédemment situé dans une commune différente du tribunal judiciaire est dénommé :

a) Le tribunal de petite instance
b) Le tribunal de proximité
c) Le tribunal ordinaire
d) La juridiction de proximité

3. Les juges du tribunal de commerce sont des magistrats professionnels :

a) Vrai
b) Faux

4. Les décisions rendues par la cour d'appel et la Cour de cassation sont des :

a) jugements
b) verdicts
c) arrêts
d) ordonnances

5. Qui occupe le sommet de l'ordre judiciaire ?

a) Le Conseil d'État
b) La Cour de cassation
c) Le tribunal des conflits
d) La cour d'appel de Paris

■ Réponses

1. La fusion du tribunal d'instance et du tribunal de grande instance situés dans une même commune s'appelle :

a) Le tribunal de droit commun
b) Le tribunal civil
c) Le tribunal judiciaire
d) Le tribunal général

2. Le tribunal d'instance précédemment situé dans une commune différente du tribunal judiciaire est dénommé :

a) Le tribunal de petite instance
b) Le tribunal de proximité
c) Le tribunal ordinaire
d) La juridiction de proximité

3. Les juges du tribunal de commerce sont des magistrats professionnels :

a) Vrai

b) Faux

4. Les décisions rendues par la cour d'appel et la Cour de cassation sont des :

a) jugements

b) verdicts

c) arrêts

d) ordonnances

5. Qui occupe le sommet de l'ordre judiciaire ?

a) Le Conseil d'État

b) La Cour de cassation

c) Le tribunal des conflits

d) La cour d'appel de Paris

Les juridictions pénales

Les juridictions pénales traitent et répriment les infractions.

Au sein des juridictions pénales, la société sera représentée par le ministère public (appelé également parquet). Le ministère public est chargé de mettre en œuvre les poursuites et, devant le tribunal, de demander au nom de la société l'application de la loi.

Il existe à la fois des juridictions pénales de droit commun et des juridictions pénales d'exception.

■ Les juridictions pénales de droit commun

La hiérarchie des juridictions pénales de droit commun est la suivante : le tribunal de police (qui statuera sur les contraventions), le tribunal correctionnel (compétent en matière de délits) et la cour d'assises (qui jugera des crimes).

Le tribunal de police traitera des contraventions, qui ne sont pas uniquement liées au code de la route. Dans chaque chef-lieu d'arrondissement, on trouve un tribunal de police. Le ministère public est représenté par le commissaire de police.

Le tribunal correctionnel est la formation pénale du tribunal de grande instance. Il est compétent en matière de délits. Il existe différentes fonctions pour les magistrats du tribunal correctionnel : les juges du tribunal correctionnel (également appelés magistrats du siège), le juge d'instruction (chargé de diligenter auprès des officiers de police judiciaire de la police ou de la gendarmerie nationales des enquêtes judiciaires), le juge de l'application des peines (chargé de suivre les condamnés à l'intérieur et à l'extérieur des prisons), le juge des libertés et de la détention (compétent en ce qui concerne la détention au cours de l'instruction) et les magistrats du ministère public (le procureur de la République et ses substituts).

Le rôle du procureur de la République est à la fois de diriger la police judiciaire (il reçoit les plaintes des particuliers, il exerce une autorité judiciaire sur les officiers de police judiciaire de la police nationale et de la gendarmerie nationale) et de représenter la société devant le tribunal correctionnel. Dans le cadre de cette dernière mission, il peut décider de mettre en œuvre des poursuites pénales ou bien de les classer sans suite, ou encore de les orienter vers une médiation. À l'occasion des audiences du tribunal correctionnel, il prononcera un réquisitoire (qui propose aux juges une peine en fonction de l'affaire jugée).

La cour d'assises, elle, est compétente en matière de crimes. Cette juridiction départementale se réunit par intermittence, en fonction des affaires à juger. La cour d'assises est composée à la fois de magistrats professionnels (le président de la cour d'assises et deux juges) et de six jurés (qui sont des citoyens tirés au sort sur les listes électorales). Depuis 2001, le jugement de la cour d'assises peut faire l'objet d'un appel devant une autre cour d'assises (qui sera alors composée de neuf jurés).

Les décisions du tribunal de police et du tribunal correctionnel sont susceptibles d'appel devant la chambre des appels correctionnels. En dernier ressort, il existe la chambre criminelle de la Cour de cassation.

■ Les juridictions pénales d'exception

Les principales juridictions pénales d'exception sont compétentes pour juger les mineurs :
- le juge des enfants est juge des mineurs délinquants et peut prononcer des mesures d'assistance éducative ;
- juridiction du tribunal de grande instance, le tribunal pour enfants juge les mineurs de moins de 16 ans qui ont commis des faits qualifiés pénalement de contraventions de cinquième classe, de délit ou de crime ;

• la chambre spéciale de la cour d'appel statuera sur les appels formés contre les jugements du tribunal pour enfants ;
• la cour d'assises des mineurs jugera des mineurs entre 16 et 18 ans ayant commis des faits qualifiés de crimes.

Entraînement : QCM

Questions

1. On trouve une cour d'assises dans chaque :
a) chef-lieu d'arrondissement
b) ville de plus de 100 000 habitants
c) département
d) région

2. Devant le tribunal de police, le ministère public est représenté par :
a) le colonel de gendarmerie
b) le procureur de la République
c) le premier substitut du procureur de la République
d) le commissaire de police

3. Combien y a-t-il de jurés en cour d'assises en appel ?
a) 6
b) 7
c) 8
d) 9

4. Comment sont choisis les jurés d'une cour d'assises ?
a) Ils sont choisis par les magistrats de la cour d'appel
b) Ils sont nommés par le procureur de la République
c) Ils sont volontaires
d) Ils sont tirés au sort sur les listes électorales

5. Qui dirige la police judiciaire ?
a) Le juge d'instruction
b) Le juge de l'application des peines
c) Les magistrats du siège
d) Le procureur de la République

Réponses

1. On trouve une cour d'assises dans chaque :

a) chef-lieu d'arrondissement

b) ville de plus de 100 000 habitants

c) département

d) région

2. Devant le tribunal de police, le ministère public est représenté par :

a) le colonel de gendarmerie

b) le procureur de la République

c) le premier substitut du procureur de la République

d) le commissaire de police

3. Combien y a-t-il de jurés en cour d'assises en appel ?

a) 6

b) 7

c) 8

d) 9

4. Comment sont choisis les jurés d'une cour d'assises ?

a) Ils sont choisis par les magistrats de la cour d'appel

b) Ils sont nommés par le procureur de la République

c) Ils sont volontaires

d) Ils sont tirés au sort sur les listes électorales

5. Qui dirige la police judiciaire ?

a) Le juge d'instruction

b) Le juge de l'application des peines

c) Les magistrats du siège

d) Le procureur de la République

Les juridictions administratives

Les juridictions administratives ont pour vocation de juger et de contrôler l'action de l'administration, ainsi que de statuer sur les litiges opposant les personnes privées à l'administration.

La compétence des juridictions administratives

Les juridictions administratives seront compétentes pour juger les actes de l'administration lorsque celle-ci met en œuvre des prérogatives de puissance publique (qui sont les pouvoirs spécifiques dont dispose l'administration afin d'assurer ses missions, comme celui de lever des impôts ou d'exproprier pour des raisons d'utilité publique). Devant les juridictions administratives, la procédure est essentiellement écrite.

Cependant, en matière de compétence, dans la pratique, il est parfois difficile de savoir si un litige doit être jugé par une juridiction administrative ou bien par une juridiction judiciaire. Pour trancher un conflit de compétence, c'est le tribunal des conflits qui déterminera la juridiction compétente.

Les différentes juridictions administratives

À la base de l'ordre administratif, on trouve les tribunaux administratifs, puis les cours administratives d'appel et, au sommet de l'ordre administratif, le Conseil d'État est juge de cassation et, dans certains cas, d'appel.

Les tribunaux administratifs sont juges de droit commun du contentieux administratif. Il faut préciser que ce type de contentieux a fortement augmenté au cours des dernières années.

Les cours administratives d'appel seront compétentes pour statuer sur les appels formés contre les décisions rendues en première instance par les tribunaux administratifs.

Le Conseil d'État est à la fois une autorité administrative consultative et une juridiction administrative. Le Conseil d'État est la juridiction administrative de dernière instance. D'autre part, de manière consultative, le Conseil d'État participe à l'élaboration de textes administratifs et réglementaires.

Entraînement : QCM

Questions

1. Qui est le président de droit du Conseil d'État ?

a) Le ministre de la Justice
b) Le ministre de l'Intérieur
c) Le Premier ministre
d) Le président de la République

2. Les décisions du tribunal administratif sont susceptibles d'appel devant :

a) La cour d'appel
b) La cour administrative d'appel
c) Le tribunal des conflits
d) Le Conseil d'État

3. Qui se prononcera lors d'un conflit de compétence entre juridictions judiciaires et administratives ?

a) La cour de cassation
b) Le tribunal des conflits
c) Le Conseil d'État
d) La cour d'appel de Paris

4. Ces dernières années, le contentieux administratif a tendance à :

a) diminuer
b) rester stable
c) augmenter
d) disparaître

5. Le Conseil d'État est :

a) une juridiction administrative
b) une juridiction judiciaire
c) une autorité administrative consultative
d) à la fois une juridiction administrative et une autorité administrative consultative

■ Réponses

1. Qui est le président de droit du Conseil d'État ?

a) Le ministre de la Justice
b) Le ministre de l'Intérieur
c) Le Premier ministre
d) Le président de la République

2. Les décisions du tribunal administratif sont susceptibles d'appel devant :

a) La cour d'appel
b) La cour administrative d'appel
c) Le tribunal des conflits
d) Le Conseil d'État

3. Qui se prononcera lors d'un conflit de compétence entre juridictions judiciaires et administratives ?

a) La cour de cassation
b) Le tribunal des conflits
c) Le Conseil d'État
d) La cour d'appel de Paris

4. Ces dernières années, le contentieux administratif a tendance à :

a) diminuer
b) rester stable
c) augmenter
d) disparaître

5. Le Conseil d'État est :

a) une juridiction administrative
b) une juridiction judiciaire
c) une autorité administrative consultative
d) à la fois une juridiction administrative et une autorité administrative consultative

LES INSTITUTIONS EUROPÉENNES

Les grandes dates de la construction européenne

- **1957 :** création, par le traité de Rome, de la Communauté économique européenne. Celle-ci met en place un marché commun entre la France, l'Allemagne de l'Ouest, la Belgique, le Luxembourg, les Pays-Bas et l'Italie.
- **1973 :** la Grande-Bretagne, l'Irlande et le Danemark intègrent la CEE.
- **1981 :** entrée de la Grèce dans la CEE.
- **1986 :** intégration dans la CEE de l'Espagne et du Portugal.
- **1990 :** la convention de Schengen instaure une suppression progressive des contrôles frontaliers au sein de l'espace européen (principe de libre circulation des personnes).
- **1992 :** ratification du traité de Maastricht (à une très courte majorité lors du référendum français). La monnaie unique, la mise en place d'une politique étrangère et de sécurité commune (PESC), ainsi que la coopération en matière de justice et d'affaires intérieures sont les principaux points de ce traité.
- **1995 :** l'Autriche, la Suède et la Finlande rejoignent l'Union européenne (ex-CEE).
- **1997 :** le traité d'Amsterdam met en place de manière effective l'espace Schengen.
- **2004 :** la Slovaquie, Chypre, l'Estonie, la Hongrie, la Lettonie, la Lituanie, Malte, la Pologne, la République tchèque et la Slovénie intègrent l'Union européenne.
- **2007 :** le traité de Lisbonne développe la coopération policière et judiciaire, ainsi que la politique en matière d'immigration.
- **2007 :** la Roumanie et la Bulgarie rejoignent l'Union européenne.
- **2013 :** la Croatie rejoint l'Union européenne.
- **En 2016 :** Le Royaume-Uni décide par référendum d'une sortie progressive de l'Union européenne (« Brexit »), ce qui porte désormais l'Union européenne à 27 états membres.

La Commission européenne

Chaque État membre est représenté par au moins un commissaire européen. Les États importants, comme la France ou l'Allemagne, en ont deux. Leur mandat dure cinq ans renouvelables. Ils sont chacun chargés d'un domaine particulier (sécurité, transport, agriculture, santé...).

Les commissaires européens forment la Commission européenne. Celle-ci est un organe permanent qui a pour rôle de mettre en œuvre les actions relevant de l'intérêt général de l'Union européenne, notamment à la suite des politiques mises en place par les différents traités.

Les décisions de la Commission sont prises à la majorité des membres et de manière collégiale.

Le président de la Commission européenne est désigné par le Conseil européen et cette nomination doit être validée par le Parlement européen lors d'un vote. Son mandat dure cinq ans.

Les États membres ne peuvent influer sur la Commission européenne. Celle-ci peut cependant subir une motion de censure du Parlement européen, qui peut conduire le cas échéant à sa démission et à son remplacement.

Le Parlement européen

Le rôle du Parlement européen est de représenter les populations des différents États membres. Le Parlement européen siège à la fois à Strasbourg (le plus souvent) et à Bruxelles. Le nombre de députés varie en fonction de l'importance de la population des États membres (exemple : il y a 79 députés français au Parlement européen). Le mandat des députés européens dure cinq ans et, dans le cas de la France, les députés au Parlement européen disposent des mêmes immunités que les députés à l'Assemblée nationale.

Le président du Parlement européen est élu au sein de cette institution pour un mandat de deux ans et demi.

Les principaux domaines de compétence du Parlement européen sont :
- la ratification des accords d'adhésion des nouveaux États membres au sein de l'Union européenne, des accords d'association ayant des répercussions financières ou des accords commerciaux de l'Union européenne avec des pays tiers (exemples : accords du Gatt ou de l'Organisation mondiale du commerce) ;
- le vote du budget de l'Union européenne et la modification éventuelle des dépenses communautaires ;
- le vote des règlements communautaires, notamment en matière de nationalité, d'immigration, de droit d'asile, de politique étrangère et de sécurité ;
- le contrôle de l'action de la Commission européenne, qui est responsable politiquement devant le Parlement européen.

Le Conseil européen

Le Conseil européen est la réunion des chefs d'État ou chefs de gouvernement des 27 États membres de l'Union européenne et d'un président.

Chaque année, il y a au moins quatre conseils, à la fin de chaque présidence tournante du Conseil des ministres de l'Union européenne.

Le rôle du Conseil européen est de décider des axes majeurs de la politique de l'Union européenne. La politique étrangère de l'Union européenne est ainsi définie lors de ces réunions.

Le Conseil de l'Union européenne

Selon les différents traités européens, le Conseil de l'Union européenne doit donner « *les impulsions nécessaires à son développement et en définir les orientations politiques générales* ». Le Conseil de l'Union européenne est parfois appelé Conseil des ministres.

Le Conseil de l'Union européenne est l'organe institutionnel exécutif. Il décide notamment des actes législatifs et budgétaires au sein de l'Union européenne. Il partage une partie de ses prérogatives avec le Parlement européen (au titre de la codécision). En fonction de l'ordre du jour, les ministres des États membres de l'Union européenne siégeront (exemple : ministres des Finances en matière de budget, ministres de l'Intérieur en matière de sécurité...). Le rôle du Conseil de l'Union européenne est également de préparer le projet de budget communautaire et de fixer les orientations générales de la politique de change en matière monétaire.

La Cour de justice de l'Union européenne

Ancienne CJCE, la CJUE siège à Luxembourg. Son rôle est de veiller à l'application du droit communautaire et à l'uniformité de son interprétation. À ce titre, la CJUE assure le contrôle de légalité des actes des institutions de l'Union européenne et statue sur le respect par les États membres des obligations découlant des traités communautaires. Enfin, à la demande des juges nationaux, la CJUE assure l'interprétation du droit communautaire.

La Banque centrale européenne

La Banque centrale européenne (BCE) a pour rôle d'émettre l'euro comme monnaie unique et de définir les grandes orientations de la politique monétaire de la zone euro. La BCE siège à Francfort.

La Cour des comptes européenne

Siégeant à Luxembourg, la Cour des comptes européenne contrôle la gestion financière au sein de l'Union européenne et des institutions. Il s'agit d'un organe de contrôle indépendant. La Cour des comptes européenne est conduite à examiner la légalité et la régularité des recettes et des dépenses de l'Union européenne. Elle s'assure également de la bonne gestion financière des fonds communautaires.

Entraînement : QCM

Questions

1. La monnaie unique a été prévue par le traité de :
a) Rome
b) Amsterdam
c) Lisbonne
d) Maastricht

2. L'Espagne a rejoint la CEE en :
a) 1974
b) 1982
c) 1986
d) 1990

3. La Commission européenne est responsable politiquement devant le Parlement européen :
a) vrai
b) faux

4. La politique monétaire européenne est décidée par :
a) le Parlement européen
b) la Commission européenne
c) la Banque centrale européenne
d) le Conseil de l'Union européenne

5. Au sein du Parlement européen, la France compte :
a) 52 députés
b) 64 députés
c) 79 députés
d) 84 députés

Réponses

1. La monnaie unique a été prévue par le traité de :

a) Rome

b) Amsterdam

c) Lisbonne

d) Maastricht

2. L'Espagne a rejoint la CEE en :

a) 1974

b) 1982

c) 1986

d) 1990

3. La Commission européenne est responsable politiquement devant le Parlement européen :

a) vrai

b) faux

4. La politique monétaire européenne est décidée par :

a) le Parlement européen

b) la Commission européenne

c) la Banque centrale européenne

d) le Conseil de l'Union européenne

5. Au sein du Parlement européen, la France compte :

a) 52 députés

b) 64 députés

c) 79 députés

d) 84 députés

2| RAPPELS SUR LES COLLECTIVITÉS TERRITORIALES

L'organisation territoriale de la République est l'un des principaux chantiers actuellement engagés. Il est important d'en suivre régulièrement les derniers développements afin de pouvoir actualiser et compléter les simples rappels figurant dans ce manuel.

De manière schématique, les traits fondamentaux des réformes actuelles des collectivités territoriales sont les suivants :
- le renforcement des compétences et de la taille des intercommunalités ;
- l'effacement des départements, pouvant aller jusqu'à envisager leur suppression ;
- le renforcement des compétences et de la taille des régions ;
- plus généralement, la recherche d'une plus grande légitimité politique, transparence de gestion et responsabilité financière des collectivités territoriales.

LA COMMUNE ET LES ATTRIBUTIONS DU MAIRE

Présentation de la commune

La France compte actuellement près de 35 000 communes, ce qui représente le nombre de communes par pays le plus élevé d'Europe. Dans notre pays, les communes ont été créées lors de la Révolution de 1789 et sont les héritières des paroisses d'Ancien Régime. Depuis ces dernières années, on assiste à l'apparition ponctuelle de « communes nouvelles » qui sont un moyen pour les petites communes de retrouver des capacités d'investissement et de peser davantage auprès des intercommunalités. La commune nouvelle est destinée à unifier, si elles le décident, des communes contiguës ou bien toutes les communes membres d'un établissement public de coopération intercommunale (EPCI).

La commune est le territoire administré par une municipalité, seule dépositaire de l'état civil et du cadastre. Elle est donc l'échelon de base des divisions administratives du territoire.

Les trois plus grandes villes françaises (Paris, Lyon et Marseille) ont été découpées en arrondissements municipaux, mais l'essentiel des pouvoirs a été laissé aux trois municipalités centrales sous l'autorité du maire de la ville.

Les organes de la commune sont le conseil municipal, le maire et, le cas échéant, un ou plusieurs adjoints.

Une commune est une collectivité territoriale, une personne morale de droit public, et dispose d'un budget propre. Son budget est constitué essentiellement des transferts de l'État (notamment la dotation globale de fonctionnement, la DGF) et des impôts directs locaux : taxes foncières (portant sur les propriétés bâties et non bâties), d'habitation et professionnelles (acquittées par les artisans, les commerçants et les entreprises).

La commune est propriétaire d'un domaine public (écoles publiques, routes communales, parcs et jardins...) et d'un éventuel domaine privé. Le domaine public est protégé par des règles d'inaliénabilité et son régime juridique prévoit des sanctions destinées à le protéger.

La compétence de la commune

À l'exception de Paris, Lyon et Marseille, toutes les communes ont la même structure administrative et les mêmes domaines de compétence, quelle que soit l'importance de la commune.

Pour l'essentiel, les compétences des communes sont régies par les parties législative et réglementaire du code général des collectivités territoriales (CGCT).

Il appartient à la commune d'administrer son domaine municipal (jardins, terrains, voirie, travaux publics...). La commune peut également être amenée à gérer un certain nombre de services publics municipaux (piscines, bibliothèques, centres de loisirs, crèches...). Ces services publics municipaux seront assurés au quotidien par des employés municipaux, qui seront eux aussi gérés par la commune.

Les différentes lois de décentralisation ont défini les domaines de compétence de la commune :

- elle peut intervenir dans le domaine économique et social (aide aux personnes en difficulté par le biais du centre communal d'action sociale, maintien des commerces en milieu rural...) ;
- la commune doit établir également le plan local d'urbanisation (PLU) sur son territoire ;
- elle est enfin chargée de l'entretien et de la construction des écoles maternelles et primaires.

Les moyens financiers de la commune proviennent à la fois de la dotation de fonctionnement de l'État et des impôts locaux.

Le centre communal ou intercommunal d'action sociale est un établissement public communal. Il intervient essentiellement dans trois domaines :

- l'aide sociale légale (qui demeure sa seule attribution obligatoire) ;
- l'aide sociale facultative, pour laquelle le centre communal d'action sociale (CCAS) dispose d'une grande liberté d'intervention et pour laquelle il réalise la politique sociale décidée par les élus locaux ;
- la mise en œuvre des activités sociales.

Malgré cette spécialisation, le CCAS dispose d'une réelle autonomie de gestion.

LE CONSEIL MUNICIPAL

Le conseil municipal est l'assemblée délibérante élue de la commune. Le conseil municipal se compose du maire, des adjoints au maire et des conseillers municipaux. Le nombre de conseillers municipaux est fonction de la population de la commune, le minimum étant de neuf.

À l'exception de Paris, Lyon et Marseille, qui sont scindés en plusieurs mairies d'arrondissement, l'organisation municipale est identique pour toutes les communes.

Le conseil municipal est élu par les électeurs de la commune au suffrage universel direct pour une durée de six ans. Deux modes de scrutin existent :

- pour les communes de moins de 1 000 habitants, le conseil municipal est élu au scrutin majoritaire de liste (scrutin de liste majoritaire plurinominal à deux tours, avec possibilité de créer une liste qui pourra subir un panachage) ;
- pour les communes de plus de 1 000 habitants, le conseil municipal est élu au scrutin proportionnel de liste (scrutin de liste proportionnel bloqué avec une prime majoritaire de 50 % à deux tours).

Le conseil municipal élit en son sein le maire, puis ses adjoints. Le maire et les adjoints au maire forment la municipalité. Le maire accorde à ses adjoints une délégation : sous la surveillance et la responsabilité du maire, les adjoints peuvent exercer une partie des fonctions dévolues au maire.

Dans le cas particulier de Paris, Lyon et Marseille (on parle de statut PLM), ces villes sont divisées en arrondissements. Chaque arrondissement dispose d'un maire d'arrondissement et d'un conseil d'arrondissement. Le maire de la commune est alors élu par les conseils d'arrondissement. À Paris, le maire n'est pas officier de police judiciaire. Par conséquent, la totalité des pouvoirs de police habituellement dévolus au maire est confiée au préfet de police.

Le conseil municipal est présidé par le maire. Il dispose collectivement du pouvoir délibérant sur le territoire de la commune. Le conseil municipal est tenu de se réunir au moins une fois par trimestre. Dans la pratique, il se réunit généralement une fois par mois. Le conseil municipal fixe son règlement intérieur dans le respect de la loi. C'est le maire qui va réunir le conseil municipal à chaque fois qu'il le juge nécessaire.

Le conseil municipal a une compétence générale d'attribution pour gérer les affaires intéressant la commune par ses délibérations. Il décide également de l'usage des biens de la commune. Le conseil municipal vote notamment le budget communal et les taux d'imposition locale, crée et supprime les emplois des agents communaux, autorise les acquisitions et les cessions des biens communaux, approuve les emprunts de la commune et accorde les subventions, fixe les tarifs des services communaux et du stationnement sur la voie publique... Le conseil adopte le plan local d'urbanisme, détermine l'implantation des écoles primaires et maternelles publiques...

Les décisions des conseils municipaux et des maires peuvent être contestées devant le tribunal administratif, notamment par le biais du recours pour excès de pouvoir.

L'élection du maire

Le maire est le président du conseil municipal. Il est élu à scrutin secret parmi les conseillers municipaux, au cours de la première réunion du conseil. Si aucun candidat n'a obtenu la majorité absolue après deux tours de scrutin, l'élection se déroule au troisième tour à la majorité relative. En cas d'égalité de suffrages, le plus âgé est déclaré élu. Comme les autres conseillers municipaux, le maire doit être âgé de 18 ans révolus lors de son élection à ce mandat. Il doit être de nationalité française. Les conseillers municipaux (à l'exception des maires et adjoints) peuvent eux être citoyens d'un des pays membres de l'Union européenne.

Les pouvoirs du maire

Les attributions du maire sont principalement de quatre ordres :
- sous l'autorité du préfet, il représente l'État dans sa commune. Il lui appartient donc d'assurer le respect des lois et règlements dans la commune. Le maire est également chargé de l'organisation des élections, ainsi que de la publication des lois et règlements ;
- il est officier d'état civil (célébration de mariages, rédaction des actes d'état civil liés au mariage, au divorce, au décès, à la naissance...), sous le contrôle du procureur de la République ;
- le maire est officier de police judiciaire (sauf dans le cas du maire de Paris) et, à ce titre, il dispose de pouvoirs de police dans sa commune (voir *infra*) ;

• il assure l'exécutif de la commune : pour cela, il dispose de pouvoirs spécifiques, notamment en matière de police municipale (voir *infra*). Il préside le conseil municipal, décide de l'ordre du jour du conseil municipal et prépare ses travaux. À ce titre, le maire et les services municipaux préparent le budget de la commune. Il est l'ordonnateur des dépenses et des recettes de la commune. En outre, le maire peut prendre des arrêtés municipaux et est chargé de l'application des décisions prises par le conseil municipal. Le maire est également le responsable hiérarchique des agents municipaux.

En matière d'urbanisme, le maire délivre au nom de la commune les permis de construire et autres autorisations d'urbanisme dans les communes dotées d'un document d'urbanisme, comme un plan local d'urbanisme.

En tant qu'agent exécutif du conseil municipal, le maire est chargé de l'exécution des décisions du conseil municipal, et agit sous le contrôle de ce dernier. Ses missions consistent notamment à représenter la commune en justice, passer les marchés publics, signer des contrats, exécuter le budget communal, gérer le patrimoine communal...

Les pouvoirs de police du maire

Le maire est chargé, sous le contrôle administratif du préfet, de la police municipale, de la police rurale ainsi que de l'exécution des actes de l'État qui y sont relatifs. À ce titre, le maire dispose de larges pouvoirs en matière de police administrative générale afin d'assurer la sécurité, la tranquillité publique et la salubrité des habitants de sa commune.

Le maire détient aussi certains pouvoirs de police spéciale attachés à des domaines particuliers (police des funérailles et des lieux de sépulture, circulation et stationnement, édifices menaçant ruine, activités nautiques et de bain...). Le maire peut également agir en qualité d'officier de police judiciaire.

Dans le cas particulier des mineurs, la jurisprudence du Conseil d'État admet, sous réserve du respect de certaines conditions, que le maire puisse utiliser certains des pouvoirs de police que lui confère le code général des collectivités territoriales, pour limiter la circulation nocturne de mineurs de 13 ans non accompagnés par une personne majeure.

En tant qu'officier de police judiciaire, un maire (ou un adjoint) est tenu de signaler sans délai au procureur de la République les crimes et délits dont il a connaissance dans l'exercice de ses fonctions. Dans le respect des dispositions de l'article 11 du code de procédure pénale, le maire est informé sans délai, par les responsables locaux de la police ou de la gendarmerie nationales, des infractions causant un trouble grave à l'ordre public commises sur le territoire de la commune (articles L. 2 211-2 et 2 211-3 du CGCT). En pratique, ces missions sont surtout confiées aux maires des communes où il n'existe pas d'autres officiers de police judiciaire (absence d'officiers de police judiciaire de la police ou de la gendarmerie nationale).

Dans l'exercice de l'ensemble de ses pouvoirs de police, le maire reste soumis au contrôle du préfet, mais pas à celui du conseil municipal.

Enfin, il faut noter que le maire joue un grand rôle dans la prévention de la délinquance dans sa commune : il est amené à agir et à coordonner l'action de prévention de la délinquance au niveau local.

L'INTERCOMMUNALITÉ

L'émiettement communal est une spécificité française au sein de l'Europe. Avec 35 287 communes en métropole, cet éparpillement explique le succès des formules de regroupement de communes permettant de leur donner une structure collective afin de pouvoir satisfaire certains besoins. Ce phénomène a débuté avec les communautés urbaines et les différentes lois de décentralisation ont mis en place des transferts de compétence impliquant une association des communes afin de pouvoir répondre à leurs nouvelles missions. Les établissements publics de coopération à fiscalité propre sont devenus la forme la plus répondue d'intercommunalité, jusqu'à englober en leur sein la quasi-totalité des communes. Toutefois, l'opacité des règles de fonctionnement et de gestion budgétaire, ainsi que l'absence de transparence vis-à-vis des citoyens de l'action et du fonctionnement des différentes intercommunalités sont des problématiques requérant une évolution de l'intercommunalité.

Compte tenu de certaines contraintes budgétaires et pratiques, les communes peuvent choisir de transférer certaines de leurs compétences à des structures intercommunales. Ces structures peuvent mutualiser leurs moyens financiers, matériels et humains afin d'assurer au mieux leurs missions. Ce phénomène s'appelle l'intercommunalité.

Les EPCI sont la dénomination juridique de l'intercommunalité. Les EPCI peuvent prendre différentes formes :
- les syndicats intercommunaux (à vocation unique : SIVU, ou à vocation multiple : SIVOM) qui ont un fonctionnement souple et ne bénéficient pas d'une fiscalité propre ;
- ou bien les structures disposant d'une fiscalité propre : communauté urbaine, communauté d'agglomérations et communauté de communes.

Le champ spatial de l'intercommunalité tend à s'élargir et à s'inscrire dans un double couplage (commune - intercommunalité, département - région). De manière croissante, les communautés tendent à se rapprocher du mode de fonctionnement de collectivités de plein exercice : généralisation de leur mise en place, ressources fiscales propres et pouvoir fiscal important, large domaine de compétences, organes délibérants composés d'élus au suffrage universel.

Les solutions positives apportées par l'intercommunalité

Le niveau intercommunal demeure ainsi le cadre privilégié de l'action publique, pour des raisons de cohérence, d'intérêt commun et d'efficience budgétaire. Dans une période de budgets fortement contraints, intercommunalité et mutualisation offrent des économies d'échelle et une rationalité de la dépense publique que personne ne saurait contester dans leurs principes. En effet, elles visent toutes deux à assurer des services (loisirs, éducation, transport, santé...) qu'une collectivité ne peut pas ou plus assumer seule.

Le succès des établissements publics de coopération intercommunale (EPCI) à fiscalité propre démontre l'utilité de ce type de structure. En effet, la quasi-totalité des communes françaises est couverte par le réseau de ces établissements publics. La mutualisation de certains équipements et services publics (écoles, centres de loisirs, stades, piscines...) et l'intérêt commun face à certains enjeux (par exemple des communes situées en secteur de montagne) peuvent être satisfaits au sein d'une structure intercommunale.

Dans une période de budgets fortement contraints, l'intercommunalité offre des économies d'échelle et une rationalité de la dépense publique que personne ne saurait contester dans leurs principes.

La coopération de gestion entre communes se concrétise par la mise en place de syndicats de communes, à vocation unique ou multiple. La coopération de projet repose sur un projet commun à plusieurs communes de développement économique et social. Ce type de coopération peut prendre la forme d'établissements publics de coopération intercommunale à fiscalité propre. La coopération de projet a connu un très important développement depuis plus d'une vingtaine d'années. Afin de renforcer la légitimité démocratique de ces structures, le législateur a imposé en 2010 de faire élire au suffrage universel les conseillers communautaires dans les communes de plus de 1 000 habitants.

Les limites rencontrées par l'intercommunalité

La complexité des structures et des règles est la principale difficulté rencontrée en matière d'intercommunalité. Cette complexité se retrouve à de multiples niveaux. En premier lieu, au fil du temps, il y a eu un indéniable phénomène de multiplication des formules de regroupement. La volonté de perfectionner et d'améliorer les structures a parfois conduit à un empilement de structures. La dualité assemblée délibérante - exécutif unipersonnel est partout la même, mais les compétences des structures sont très variables. Il est ainsi possible de constater des contentieux liés à la question de la répartition des compétences entre la structure intercommunale et les communes membres.

Sur le plan financier et comptable, il est également délicat d'identifier et d'évaluer clairement les flux. En effet, entre communes et structures intercommunales, les flux financiers sont à double sens et il peut arriver qu'une commune soit membre de plusieurs structures intercommunales. Cette opacité financière pose, en outre, la question de la transparence démocratique vis-à-vis des citoyens. C'est également un des éléments expliquant la réticence de certains élus face aux formes les plus intégratrices d'intercommunalité et le choix fréquent pour des formules leur laissant la plus grande marge de manœuvre.

L'enchevêtrement de structures, ainsi que le manque de visibilité et d'efficacité en matière de compétences, implique que l'intercommunalité doive évoluer.

L'essor des métropoles

Les métropoles entendent répondre aux besoins de situations urbaines complexes, notamment dans les plus importantes zones urbaines. Il convient de souligner que 60 % de la population française vit dans une aire urbaine de plus de 100 000 habitants.

Ces métropoles ont été initiées par la loi du 27 janvier 2014 relative à la modernisation de l'action publique territoriale et à l'affirmation des métropoles. La métropole a ainsi été jugée comme un cadre pertinent de l'action publique. La métropole dispose d'une fiscalité propre. L'unicité territoriale urbaine implique l'élaboration commune d'un projet d'aménagement et de développement économique, écologique, éducatif, culturel et social. Sur le plan économique, la logique poursuivie est également d'accroître la compétitivité.

En raison de problématiques tout à fait spécifiques, le Grand Paris constitue une forme particulière de métropole.

LE DÉPARTEMENT

La division de la France en départements remonte à 1789 (les départements remplacent alors les anciennes provinces). La France métropolitaine compte 96 départements.

Parmi les subdivisions administratives françaises, le département est l'échelon intermédiaire entre la région et l'arrondissement.

Le conseil départemental

Avant les élections de mars 2015, le conseil départemental était appelé conseil général.

Le département est également une collectivité territoriale décentralisée. Cette collectivité locale est administrée par le conseil départemental.

Le conseil départemental est composé de conseillers départementaux. Ceux-ci sont élus pour six ans dans chacun des cantons du département.

Le conseil départemental élit en son sein le président du conseil départemental. Le président du conseil départemental est l'organe exécutif du département. C'est à lui qu'il appartient de préparer et d'exécuter les décisions du conseil départemental (assemblée délibérative). Pour la gestion des affaires courantes du département, le conseil départemental peut se réunir en formation restreinte : la commission permanente. Après l'élection du président, le conseil départemental fixe le nombre de membres de la commission permanente (dont fait de droit partie le président) et le nombre de vice-présidents (ce dernier nombre ne peut être supérieur à 30 % de l'effectif du conseil).

Par ailleurs, le président du conseil départemental est le chef des services départementaux rattachés au conseil départemental et administre le domaine départemental propre au conseil départemental.

La compétence du département

Les lois de décentralisation ont renforcé les attributions du conseil départemental. Le département a plusieurs domaines principaux de compétence :
- la gestion des routes départementales et des routes nationales d'intérêt local, ainsi que des voies navigables ;
- la construction et l'entretien des collèges ;

• l'aide sociale et la santé : le département prend en charge les aides sociales, sauf celles dépendant directement de l'État. Il s'agit de la protection de l'enfance (dont la protection maternelle et infantile, l'aide sociale à l'enfance et la prévention spécialisée), l'insertion des personnes en difficulté, le revenu solidarité active (RSA), l'aide aux personnes handicapées et âgées, ainsi que de la prévention sanitaire ;
• des services départementaux d'incendie et de secours (SDIS : les sapeurs-pompiers) ;
• la culture (gestion des archives départementales, patrimoine...) ;
• le développement local ;
• le tourisme.

La loi du 13 août 2004 a développé le processus de décentralisation. Les conseils départementaux se voient attribuer de nouvelles compétences en matière :
• de transport : gestion du réseau routier national transféré en grande partie (devenu réseau routier départemental ou national d'intérêt local), gestion des ports maritimes de pêche et de commerce ;
• d'action sociale : programmes de prévention et de santé, utilisation d'un schéma gérontologique, suivi de l'élimination des déchets ménagers ;
• de logement social : gestion du fond solidarité pour le logement (FSL) et du fonds d'aide à l'énergie ;
• d'éducation : le recrutement et gestion des personnels TOS (techniques, ouvriers et de services) et la restauration scolaire des collèges ;
• de culture : transferts de certains domaines patrimoniaux, archives départementales, musées, bibliothèques ; schémas départementaux des enseignements artistiques.

Comme la région, le département peut apporter son soutien aux communes, en particulier sous forme de coopération avec les communes et les établissements publics intercommunaux, ou bien le conseil départemental peut œuvrer en faveur du maintien des commerces et des services publics en milieu rural.

Afin de mener à bien les missions dont la compétence est transférée, l'État reverse aux départements les moyens financiers, humains et matériels nécessaires.

En raison des transferts de compétences des départements opérés au profit des métropoles et des nouvelles grandes régions, les conseils départementaux se recentreront sur ses compétences de solidarité : solidarité territoriale et sociale.

Le président du conseil départemental

Le président est l'organe exécutif du conseil départemental :
- ordonne les dépenses et impute les recettes ;
- est chargé de l'administration du conseil départemental ;
- gère le domaine du département et dispose à ce titre de pouvoirs de police ;
- este en justice au nom du département (avec l'accord du conseil départemental) ;
- peut recevoir certaines délégations du conseil départemental.

Les départements d'outre-mer (DOM)

Il existe cinq départements d'outre-mer (ceux-ci sont organisés comme les départements métropolitains) :
- la Guadeloupe ;
- la Martinique ;
- la Réunion ;
- la Guyane ;
- Mayotte (depuis 2009).

À côté de ces DOM, plusieurs collectivités territoriales d'outre-mer bénéficient d'un statut particulier (depuis la révision constitutionnelle du 28 mars 2003, les collectivités d'outre-mer ont remplacé les territoires d'outre-mer) :
- la Polynésie française est un « pays d'outre-mer » disposant d'une large autonomie ;
- les îles de Wallis-et-Futuna sont une collectivité d'outre-mer disposant d'une large autonomie (le droit français et le droit coutumier s'y appliquent tous les deux) ;
- dans les Antilles, Saint-Martin et Saint-Barthélemy sont des collectivités d'outre-mer administrées par des conseils territoriaux ;
- la Nouvelle-Calédonie jouit d'un statut particulier et dérogatoire lui accordant une très large autonomie.

LA RÉGION

Depuis 2014, la France est divisée en 18 régions, dont 13 en métropole (en comptant la collectivité territoriale de Corse). Cette réduction du nombre de régions vise à tenter de réduire les déficits publics.

En 2016, les noms des nouvelles régions ont été officiellement déterminés :

- Auvergne-Rhône-Alpes ;
- Bourgogne-Franche-Comté ;
- Grand-Est (anciennes régions Alsace, Champagne-Ardenne et Lorraine) ;
- Hauts-de-France (anciennes régions Nord-Pas-de-Calais et Picardie) ;
- Nouvelle-Aquitaine (anciennes régions Aquitaine, Limousin et Poitou-Charentes) ;
- Occitanie (anciennes régions Languedoc-Roussillon et Midi-Pyrénées) ;
- Normandie (anciennes Haute et Basse-Normandie).

La Bretagne, le Centre-Val de Loire (dénommé Centre avant janvier 2015), la Corse, l'Île-de-France, la Provence-Alpes-Côte d'Azur et les Pays de la Loire n'ont pas vu leurs périmètres modifiés et conservent leurs anciennes appellations.

Les lois de décentralisation de 1982 et de 1983 ont consacré la région comme une collectivité territoriale à part entière, disposant de compétences et d'un budget spécifiques.

La région est une collectivité territoriale, à savoir une personne morale de droit public distincte de l'État et bénéficiant à ce titre d'une autonomie juridique et patrimoniale. La région est dotée d'un organe délibérant (le conseil régional élu), d'un organe exécutif (le président, élu par l'assemblée) et d'un organe consultatif (le conseil économique, social et environnemental régional, dont les membres sont désignés).

À l'instar du conseil départemental, l'action du conseil régional s'exécute sous le contrôle *a posteriori* du préfet de région.

Le conseil régional

Comme le département, la région est à la fois une subdivision administrative et une collectivité territoriale. En tant que collectivités territoriales, les régions sont administrées par un conseil régional. La Corse, elle, est administrée à la fois par l'assemblée de Corse (organe délibératif) et par le conseil exécutif de Corse (organe exécutif). Il convient également de rappeler qu'il existe un préfet de région, qui représente l'État dans la région (il s'agit du préfet du département où se situe la préfecture de région).

Les conseillers régionaux sont élus pour un mandat de six ans. Ils sont élus par département au suffrage universel direct dans un scrutin de liste.

Le conseil régional élit en son sein le président du conseil régional. Le président du conseil régional est l'organe exécutif de la région, sous le contrôle *a posteriori* du préfet de région (ce contrôle existe également pour le président du conseil départemental). C'est au président du conseil régional qu'il appartient de préparer et d'exécuter les décisions du conseil départemental (qui est l'assemblée délibérative). Pour la gestion des affaires courantes intéressant la région, le conseil régional peut se réunir en formation restreinte : la commission permanente.

À l'instar du conseil départemental, la commission permanente est une émanation du conseil régional. Elle est composée du président et des vice-présidents du conseil régional ainsi que d'un ou plusieurs autres membres. Le conseil régional peut décider de lui déléguer une partie de ses fonctions, à l'exception de celles concernant le vote du budget, l'approbation du compte administratif (budget exécuté). La commission permanente remplace de fait le conseil régional entre ses réunions plénières.

Le conseil régional se réunit en réunions plénières au moins une fois par trimestre à l'initiative du président ou à la demande de la commission permanente ou du tiers des membres sur un ordre du jour déterminé.

La mission du conseil régional est de délibérer des affaires intéressant la région, notamment en votant le budget de la région qui permet la mise en œuvre pratique de la politique décidée par l'assemblée régionale.

La compétence de la région

Les différentes lois de décentralisation ont très fortement renforcé les attributions du conseil régional. Ainsi, la région dispose de plusieurs domaines principaux de compétence :
- l'éducation : la formation professionnelle et l'apprentissage, l'entretien et la construction des lycées, la recherche scientifique, le développement culturel de la région ;
- l'aménagement de son territoire : développement des grands axes routiers, des transports publics interrégionaux, développement économique local, aide au développement de certains aéroports et voies navigables, élaboration du contrat de projet État-région avec l'État et du schéma régional d'aménagement et de développement du territoire (SRADT), schémas interrégionaux de littoral et de massif ;
- l'environnement et la transition énergétique : politiques relatives à la biodiversité, à la qualité de l'air, au climat et à l'énergie. Le conseil régional est chargé d'élaborer le schéma régional climat air énergie (SRCAE), le schéma régional de cohérence écologique (SRCE) et le plan régional pour la

qualité de l'air. Le conseil régional participe également à la gestion des parcs naturels régionaux et des réserves naturelles régionales ;
• les transports et « ramassages » scolaires.

La région peut également apporter son soutien aux communes, en particulier sous forme de coopération avec les communes et les établissements publics intercommunaux, ou bien œuvrer en faveur du maintien des commerces et des services publics en milieu rural. Pour mener à bien ses missions, la région dispose d'un budget, provenant à la fois d'une dotation de l'État et de sommes prélevées au titre des impôts locaux. La chambre régionale des comptes peut être amenée à contrôler l'usage de son budget par le conseil régional.

Par ailleurs, la région est valorisée par les institutions de l'Union européenne. En effet, les politiques européennes en matière économique et sociale sont mises en œuvre le plus souvent au niveau régional.

Enfin, depuis 2014, le processus de décentralisation en faveur des régions s'est renforcé :
• le soutien à l'innovation, à l'internationalisation des entreprises et à l'enseignement supérieur et à la recherche est de la compétence de la région depuis la loi du 27 janvier 2014, dite loi MAPTAM ;
• il en est de même de la gestion des fonds structurels européens (fonds FEDER, FEADER et FSE) ;
• ainsi que de l'organisation des transports ferroviaires régionaux (TER) et de l'intermodalité et de la complémentarité entre les modes de transport (depuis la loi dite MAPTAM).

Il convient de noter que certaines compétences, comme la préservation de l'environnement, le développement économique ou le soutien à l'innovation sont des compétences partagées entre l'État et la région. On considérera alors que la région est chef de file dans ce domaine, sans que cette notion de chef de file ait une définition juridique précise.

Les régions d'outre-mer

Les cinq départements d'outre-mer (DOM) sont également des régions mono-départementales : la Guadeloupe, la Martinique, la Guyane, la Réunion et Mayotte.

ANNEXES

1 | LE CODE DE DÉONTOLOGIE DE LA POLICE NATIONALE ET DE LA GENDARMERIE NATIONALE

Le code de déontologie de la police nationale et de la gendarmerie nationale est codifié au livre IV, titre 3, chapitre 4 de la partie réglementaire du code de la sécurité intérieure.
Il entre en vigueur le 1er janvier 2014.

Article R. 434-2 : Cadre général de l'action de la police nationale et de la gendarmerie nationale.
Placées sous l'autorité du ministre de l'Intérieur pour l'accomplissement des missions de sécurité intérieure et agissant dans le respect des règles du code de procédure pénale en matière judiciaire, la police nationale et la gendarmerie nationale ont pour mission d'assurer la défense des institutions et des intérêts nationaux, le respect des lois, le maintien de la paix et de l'ordre publics, la protection des personnes et des biens. Au service des institutions républicaines et de la population, policiers et gendarmes exercent leurs fonctions avec loyauté, sens de l'honneur et dévouement. Dans l'accomplissement de leurs missions de sécurité intérieure, la police nationale, force à statut civil, et la gendarmerie nationale, force armée, sont soumises à des règles déontologiques communes et à des règles propres à chacune d'elles. Ces dernières sont précisées au titre III du présent décret.

Article R. 434-3 : Nature du code de déontologie et champ d'application
I. - Les règles déontologiques énoncées par le présent code procèdent de la Constitution, des traités internationaux, notamment de la convention européenne de sauvegarde des droits de l'homme et des libertés fondamentales, des principes généraux du droit, et des lois et règlements de la République.
Elles définissent les devoirs qui incombent aux policiers et aux gendarmes dans l'exercice de leurs missions de sécurité intérieure pendant ou en dehors du service et s'appliquent sans préjudice des règles statutaires et autres obligations auxquelles ils sont respectivement soumis. Elles font l'objet d'une formation, initiale et continue, dispensée aux policiers et aux gendarmes pour leur permettre d'exercer leurs fonctions de manière irréprochable.
II. - Pour l'application du présent code, le terme « policier » désigne tous les personnels actifs de la police nationale, ainsi que les personnels exerçant dans un service de la police nationale ou dans un établissement public concourant à ses missions et le terme « gendarme » désigne les officiers et sous-officiers de la gendarmerie, ainsi que les gendarmes adjoints volontaires.

Titre 1er Principes généraux

Chapitre 1er Autorité et protection

Article R. 434-4 : Principe hiérarchique

I. - L'autorité investie du pouvoir hiérarchique prend des décisions, donne des ordres et les fait appliquer. Elle veille à ce que ses instructions soient précises et apporte à ceux qui sont chargés de les exécuter toutes informations pertinentes nécessaires à leur compréhension.

L'autorité hiérarchique assume la responsabilité des ordres donnés.

Ordres et instructions parviennent à leurs destinataires par la voie hiérarchique. Si l'urgence impose une transmission directe, la hiérarchie intermédiaire en est informée sans délai.

II. - Le policier ou le gendarme porte sans délai à la connaissance de l'autorité hiérarchique tout fait survenu à l'occasion ou en dehors du service, ayant entraîné ou susceptible d'entraîner sa convocation par une autorité de police, juridictionnelle, ou de contrôle.

Article R. 434-5 : Obéissance

I. - Le policier ou le gendarme exécute loyalement et fidèlement les instructions et obéit de même aux ordres qu'il reçoit de l'autorité investie du pouvoir hiérarchique, sauf dans le cas où l'ordre donné est manifestement illégal et de nature à compromettre gravement un intérêt public.

S'il pense être confronté à un tel ordre, il fait part de ses objections à l'autorité qui le lui a donné, ou, à défaut, à la première autorité qu'il a la possibilité de joindre, en mentionnant expressément le caractère d'illégalité manifeste qu'il lui attribue. Si, malgré ses objections, l'ordre est maintenu, il peut en demander la confirmation écrite lorsque les circonstances le permettent. Il a droit à ce qu'il soit pris acte de son opposition. Même si le policier ou le gendarme reçoit la confirmation écrite demandée et s'il exécute l'ordre, l'ordre écrit ne l'exonère pas de sa responsabilité.

L'invocation à tort d'un motif d'illégalité manifeste pour ne pas exécuter un ordre régulièrement donné expose le subordonné à ce que sa responsabilité soit engagée.

Dans l'exécution d'un ordre, la responsabilité du subordonné n'exonère pas l'auteur de l'ordre de sa propre responsabilité.

II. - Le policier ou le gendarme rend compte à l'autorité investie du pouvoir hiérarchique de l'exécution des ordres reçus ou, le cas échéant, des raisons de leur inexécution. Dans les actes qu'il rédige, les faits ou événements sont relatés avec fidélité et précision.

Article R. 434-6 : Obligations incombant à l'autorité hiérarchique

I. - Le supérieur hiérarchique veille en permanence à la préservation de l'intégrité physique de ses subordonnés. Il veille aussi à leur santé physique et mentale. Il s'assure de la bonne condition de ses subordonnés.

II. – L'autorité investie du pouvoir hiérarchique conçoit et met en œuvre au profit des personnels une formation adaptée, en particulier dans les domaines touchant au respect de l'intégrité physique et de la dignité des personnes ainsi qu'aux libertés publiques. Cette formation est régulièrement mise à jour pour tenir compte des évolutions affectant l'exercice des missions de police administrative et judiciaire.

Article R. 434-7 : Protection fonctionnelle
L'État défend le policier ou le gendarme, ainsi que, dans les conditions et limites fixées par la loi, ses proches, contre les attaques, menaces, violences, voies de fait, injures, diffamations et outrages dont il peut être victime dans l'exercice ou du fait de ses fonctions.
L'État accorde au policier ou au gendarme sa protection juridique en cas de poursuites judiciaires liées à des faits qui n'ont pas le caractère d'une faute personnelle. Il l'assiste et l'accompagne dans les démarches relatives à sa défense

Chapitre II Devoirs du policier et du gendarme

Article R. 434-8 : Secret et discrétion professionnels
Soumis aux obligations du secret professionnel et au devoir de discrétion, le policier ou le gendarme s'abstient de divulguer à quiconque n'a ni le droit, ni le besoin d'en connaître, sous quelque forme que ce soit, les informations dont il a connaissance dans l'exercice ou au titre de ses fonctions.

Article R. 434-9 : Probité
Le policier ou le gendarme exerce ses fonctions avec probité. Il ne se prévaut pas de sa qualité pour en tirer un avantage personnel et n'utilise pas à des fins étrangères à sa mission les informations dont il a connaissance dans le cadre de ses fonctions.
Il n'accepte aucun avantage ni aucun présent directement ou indirectement lié à ses fonctions ou qu'il se verrait proposer au motif, réel ou supposé, d'une décision prise ou dans l'espoir d'une décision à prendre.
Il n'accorde aucun avantage pour des raisons d'ordre privé.

Article R. 434-10 : Discernement
Le policier ou le gendarme fait, dans l'exercice de ses fonctions, preuve de discernement.
Il tient compte en toutes circonstances de la nature des risques et menaces de chaque situation à laquelle il est confronté et des délais qu'il a pour agir, pour choisir la meilleure réponse légale à lui apporter.

Article R. 434-11 : Impartialité
Le policier et le gendarme accomplissent leurs missions en toute impartialité.
Ils accordent la même attention et le même respect à toute personne et n'établissent aucune distinction dans leurs actes et leurs propos de nature à constituer l'une des discriminations énoncées à l'article 225-1 du code pénal.

Article R. 434-12 : Crédit et renom de la police nationale et de la gendarmerie nationale
Le policier ou le gendarme ne se départ de sa dignité en aucune circonstance. En tout temps, dans ou en dehors du service, y compris lorsqu'il s'exprime à travers les réseaux de communication électronique sociaux, il s'abstient de tout acte, propos ou comportement de nature à nuire à la considération portée à la police nationale et à la gendarmerie nationale. Il veille à ne porter, par la nature de ses relations, aucune atteinte à leur crédit ou à leur réputation.

Article R. 434-13 : Non cumul d'activité
Le policier ou le gendarme se consacre à sa mission. Il ne peut exercer une activité privée lucrative que dans les cas et les conditions définis pour chacun d'eux par les lois et règlements.

Titre II Dispositions communes à la police nationale et à la gendarmerie nationale

Chapitre 1er Relation avec la population et le respect des libertés

Article R. 434-14 : Relation avec la population
Le policier ou le gendarme est au service de la population. Sa relation avec celle-ci est empreinte de courtoisie et requiert l'usage du vouvoiement. Respectueux de la dignité des personnes, il veille à se comporter en toute circonstance d'une manière exemplaire, propre à inspirer en retour respect et considération.

Article R. 434-15 : Port de la tenue
Le policier ou le gendarme exerce ses fonctions en uniforme. Il peut être dérogé à ce principe selon les règles propres à chaque force. Sauf exception justifiée par le service auquel il appartient ou la nature des missions qui lui sont confiées, il se conforme aux prescriptions relatives à son identification individuelle.

Article R. 434-16 : Contrôles d'identité
Lorsque la loi l'autorise à procéder à un contrôle d'identité, le policier ou le gendarme ne se fonde sur aucune caractéristique physique ou aucun signe distinctif pour déterminer les personnes à

contrôler, sauf s'il dispose d'un signalement précis motivant le contrôle. Le contrôle d'identité se déroule sans qu'il soit porté atteinte à la dignité de la personne qui en fait l'objet.
La palpation de sécurité est exclusivement une mesure de sûreté. Elle ne revêt pas un caractère systématique. Elle est réservée aux cas dans lesquels elle apparaît nécessaire à la garantie de la sécurité du policier ou du gendarme qui l'accomplit ou de celle d'autrui. Elle a pour finalité de vérifier que la personne contrôlée n'est pas porteuse d'un objet dangereux pour elle-même ou pour autrui. Chaque fois que les circonstances le permettent, la palpation de sécurité est pratiquée à l'abri du regard du public.

Article R. 434-17 : Protection et respect des personnes privées de liberté
Toute personne appréhendée est placée sous la protection des policiers ou des gendarmes et préservée de toute forme de violence et de tout traitement inhumain ou dégradant. Nul ne peut être intégralement dévêtu, hors le cas et dans les conditions prévus par l'article 63-7 du code de procédure pénale visant la recherche des preuves d'un crime ou d'un délit. Le policier ou le gendarme ayant la garde d'une personne appréhendée est attentif à son état physique et psychologique et prend toutes les mesures possibles pour préserver la vie, la santé et la dignité de cette personne.
L'utilisation du port des menottes ou des entraves n'est justifiée que lorsque la personne appréhendée est considérée soit comme dangereuse pour autrui ou pour elle-même, soit comme susceptible de tenter de s'enfuir.

Article R. 434-18 : Emploi de la force
Le policier ou le gendarme emploie la force dans le cadre fixé par la loi, seulement lorsque c'est nécessaire, et de façon proportionnée au but à atteindre ou à la gravité de la menace, selon le cas. Il ne fait usage des armes qu'en cas d'absolue nécessité et dans le cadre des dispositions législatives applicables à son propre statut.

Article R. 434-19 : Assistance aux personnes
Lorsque les circonstances le requièrent, le policier ou le gendarme, même lorsqu'il n'est pas en service, intervient de sa propre initiative, avec les moyens dont il dispose, notamment pour porter assistance aux personnes en danger.

Article R. 434-20 : Aide aux victimes
Sans se départir de son impartialité, le policier ou le gendarme accorde une attention particulière aux victimes et veille à la qualité de leur prise en charge tout au long de la procédure les concernant. Il garantit la confidentialité de leurs propos et déclarations.

Article R. 434-21 : Usage des traitements de données à caractère personnel
Sans préjudice des exigences liées à l'accomplissement de sa mission, le policier ou le gendarme respecte et préserve la vie privée des personnes, notamment lors d'enquêtes administratives ou judiciaires.
À ce titre, il se conforme aux dispositions législatives et réglementaires qui régissent la création et l'utilisation des traitements de données à caractère personnel. Il alimente et consulte les fichiers auxquels il a accès dans le strict respect des finalités et des règles propres à chacun d'entre eux, telles qu'elles sont définies par les textes les régissant, et qu'il est tenu de connaître.

Article R. 434-22 : Traitement des sources humaines
À l'occasion de la recherche des renseignements nécessaires à ses missions, le policier ou le gendarme peut avoir recours à des informateurs. Dans ce cas, il est tenu d'appliquer les règles d'exécution du service définies en la matière pour chacune des deux forces.

Chapitre II Contrôle de l'action de la police et de la gendarmerie

Article R. 434-23 : Principes du contrôle
La police nationale et la gendarmerie nationale sont soumises au contrôle des autorités désignées par la loi et par les conventions internationales.
Dans l'exercice de leurs missions judiciaires, la police nationale et la gendarmerie nationale sont soumises au contrôle de l'autorité judiciaire conformément aux dispositions du code de procédure pénale.

Article R. 434-24 : Défenseur des droits
La police nationale et la gendarmerie nationale sont soumises au contrôle du Défenseur des droits conformément au rôle que lui confère l'article 71-1 de la Constitution.
L'exercice par le Défenseur des droits de ce contrôle peut le conduire à saisir l'autorité chargée d'engager les poursuites disciplinaires des faits portés à sa connaissance qui lui paraissent de nature à justifier une sanction.
Lorsqu'il y est invité par le Défenseur des droits, le policier ou le gendarme lui communique les informations et pièces que celui-ci juge utiles à l'exercice de sa mission. Il défère à ses convocations et peut à cette occasion être assisté de la personne de son choix.

Article R. 434-25 : Contrôle hiérarchique et des inspections
L'autorité investie du pouvoir hiérarchique contrôle l'action de ses subordonnés.
Le policier ou le gendarme est également soumis au contrôle d'une ou de plusieurs inspections générales compétentes à l'égard du service auquel il appartient.

Sans préjudice des règles propres à la procédure disciplinaire et des droits dont le policier ou le gendarme bénéficie en cas de mise en cause personnelle, il facilite en toute circonstance le déroulement des opérations de contrôle et d'inspection auxquelles il est soumis.

Article R. 434-26 : Contrôle des pairs
Les policiers et gendarmes de tous grades auxquels s'applique le présent code en sont dépositaires. Ils veillent à titre individuel et collectif à son respect.

Article R. 434-27 : Sanction des manquements déontologiques
Tout manquement du policier ou du gendarme aux règles et principes définis par le présent code l'expose à une sanction disciplinaire en application des règles propres à son statut, indépendamment des sanctions pénales encourues le cas échéant.

Titre III Dispositions propres à la police nationale ou à la gendarmerie nationale

Chapitre 1er Dispositions propres à la police nationale

Article R. 434-28 : Considération, respect et devoir de mémoire
La fonction de policier comporte des devoirs et implique des risques et des sujétions qui méritent le respect et la considération de tous.
Gardien de la paix, éventuellement au péril de sa vie, le policier honore la mémoire de ceux qui ont péri dans l'exercice de missions de sécurité intérieure, victimes de leur devoir.

Article R. 434-29 : Devoir de réserve
Le policier est tenu à l'obligation de neutralité. Il s'abstient, dans l'exercice de ses fonctions, de toute expression ou manifestation de ses convictions religieuses, politiques ou philosophiques.
Lorsqu'il n'est pas en service, il s'exprime librement dans les limites imposées par le devoir de réserve et par la loyauté à l'égard des institutions de la République.
Dans les mêmes limites, les représentants du personnel bénéficient, dans le cadre de leur mandat, d'une plus grande liberté d'expression.

Article R. 434-30 : Disponibilité
Le policier est disponible à tout moment pour les nécessités du service.

2| ADRESSES UTILES

LES DÉLÉGATIONS RÉGIONALES AU RECRUTEMENT ET À LA FORMATION (DRRF) ET LES CENTRES RÉGIONAUX DE FORMATION (CRF)

• Pour les **départements 16-17-24-33-40-47-64-79-86**, adressez-vous à :
DRRF Bordeaux - 99, rue Judaïque, 33000 Bordeaux - Tél. : 05 57 81 14 60.

• Pour les **départements 09-12-19-23-31-32-46-65-81-82-87**, adressez-vous à :
CRF Toulouse - 17, rue du Rempart-Saint-Étienne, BP 35, 31012 Toulouse cedex
Tél. : 05 61 12 77 00.

• Pour les **départements 77-78-91-95**, adressez-vous à :
DRRF Île-de-France - Plateau du Moulon, Point F, BP 41, 91192 Gif-sur-Yvette cedex
Tél. : 01 69 33 76 26 ou 01 69 33 76 37.

• Pour les **départements 02-59-60-62-80**, adressez-vous à :
DRRF Lille - Cité administrative, rue de Tournai, bureau officier délégué recrutement, BP 1062, 59011 Lille cedex - Tél. : 03 20 62 49 59.

• Pour les **départements 01-03-07-15-26-38-42-43-63-69-73-74**, adressez-vous à :
DRRF Lyon - 92, cours Vitton, 69006 Lyon (entrée angle rue Rambaud) - Tél. : 0 821 36 22 22.

• Pour les **départements 04-05-06-11-13-20-30-34-48-66-83-84**, adressez-vous à :
DRRF Marseille - 299, chemin de Sainte-Marthe, 13313 Marseille cedex 14
Tél. : 04 95 05 90 91.

• Pour les **départements 08-10-51-52-54-55-57-67-68-88**, adressez-vous à :
DRRF Metz - Bureau du recrutement, 21, rue Lothaire, 57000 Metz - Tél. : 03 87 50 75 05.

• Pour les **départements 21-25-39-58-70-71-89-90**, adressez-vous à :
CRF Dijon - 3 et 5, quai Galliot, 21000 Dijon - Tél. : 03 80 44 54 88.

• Pour les **départements 75-92-93-94**, adressez-vous à :
DRRF Paris - 71, rue Albert, 75013 Paris - Tél. : 01 53 60 56 66.

• Pour les **départements 14-22-27-29-35-44-50-53-56-61-76-85**, adressez-vous à :
DRRF Rennes - Campus de Ker Lann, Parc de Lormandière, Bâtiment B, 3, rue Maryse-Bastié, 35170 Bruz - Tél. : 02 99 57 98 00 ou 02 99 57 98 13.

• Pour les **départements 18-28-36-37-41-45-49-72**, adressez-vous à :
CRF Tours - 85, rue Henri-Bergson, 37541 Saint-Cyr-sur-Loire cedex - Tél. : 02 47 42 86 77.

LES SECRÉTARIATS GÉNÉRAUX POUR L'ADMINISTRATION DE LA POLICE (SGAP)

Pour obtenir un dossier d'inscription, adressez-vous au bureau du recrutement du Secrétariat général pour l'administration de la police (SGAP), ou de la délégation régionale du SGAP dont dépend votre département.

• Pour les **départements 16-17-19-23-24-33-40-47-64-79-86-87**, adressez-vous à :
SGAP du Sud-Ouest - DRH/Bureau du recrutement, 89, cours Dupré-de-Saint-Maur, BP 30091, 33041 Bordeaux cedex - Tél. : 05 56 99 71 71.

• Pour les **départements 09-12-31-32-46-65-81-82**, adressez-vous à :
Délégation régionale du SGAP Sud-Ouest - ZI en Jacca, 4, chemin de Bordeblanque, BP 30321, 31776 Colomiers cedex - Tél. : 05 34 55 49 22.

• Pour les **départements 02-59-60-62-80**, adressez-vous à :
SGAP Lille - Cité administrative, rue de Tournai (15e étage), 59012 Lille cedex
Tél. : 03 20 30 59 59.

• Pour les **départements 01-03-07-15-26-38-42-43-63-69-73-74**, adressez-vous à :
SGAP Lyon - Préfecture du Rhône, SGAP-DA, 69419 Lyon cedex 03
Accueil du public : 215, rue André-Philip, 69003 Lyon
Tél. : 04 72 84 54 54 ou 04 72 84 54 55.

• Pour les **départements 04-05-06-11-13-20-30-34-48-66-83-84**, adressez-vous à :
SGAP Marseille - 299, chemin de Sainte-Marthe, 13313 Marseille cedex 14
Tél. : 04 95 05 93 78.

• Pour les **départements 08-10-51-52-54-55-57-67-68-88**, adressez-vous à :
SGAP Metz - Espace Riberpray, rue Belle-Isle, BP 51064, 57036 Metz cedex 01
Tél. : 03 87 16 11 27.

• Pour les **départements 21-25-39-58-70-71-89-90**, adressez-vous à :
Délégation régionale du SGAP - Cité Eiffel, 6-8, rue de Chenove, BP 31 818, 21041 Dijon cedex
Tél. : 03 80 44 59 00.

• Pour les **départements 14-18-22-27-28-29-35-36-37-41-44-45-49-50-53-56-61-72-76-85**, adressez-vous à :
SGAP Ouest/Tours - Direction des ressources humaines, Bureau du recrutement, BP 10700, 30, rue du Mûrier, 37542 Saint-Cyr-sur-Loire - Tél. : 02 47 42 85 35.

• Pour les **départements 75-92-93-94**, adressez-vous à :
SGAP Paris - Préfecture de police, bureau de recrutement, 9, boulevard du Palais, 75195 Paris cedex 4 - Accueil du public : préfecture de police, bureau de recrutement, 11, rue des Ursins, 75004 Paris - Tél. : 01 53 73 53 27.

• Pour les **départements 77-78-91-95**, adressez-vous à :
SGAP Versailles - 24, rue Saint-Louis, BP 183, 78001 Versailles cedex - Tél. : 01 39 66 20 00.

DOM, TOM ET COLLECTIVITÉS TERRITORIALES

Pour les DOM, les TOM et les collectivités territoriales, vous pouvez contacter :
• la délégation interrégionale au recrutement et à la formation Antilles-Guyane - Morne Vergain, 97139 Abymes (compétence géographique : Guadeloupe, Guyane, Martinique)
Tél. : 05 90 47 11 55 ou 05 90 47 11 60 ;

• la délégation territoriale au recrutement et à la formation de Nouvelle-Calédonie - BP 3862, RT 1 Normandie, 98846 Nouméa cedex (compétence géographique : Nouvelle-Calédonie, Wallis-et-Futuna) - Tél. : 00 687 41 39 10 ;

• la délégation régionale à la formation des personnels de police et de préfecture - 50, quai Ouest, 97400 Saint-Denis (compétence géographique : Réunion et Mayotte)
Tél. : 02 62 90 26 42.

Vous pouvez également contacter le service administratif et technique de police de :
• Guadeloupe - Bureau des concours, Hôtel de Police, route du Stade-Éboué, 97100 Basse-Terre
Tél. : 05 90 99 11 02 ;

• Guyane - Bureau du recrutement, avenue Gustave-Charléry, BP 5005, 97305 Cayenne cedex
Tél. : 05 94 25 54 94 ou 95 ;

- Martinique - Bureau du recrutement, 80, rue de la République, BP 652, 97263 Fort-de-France cedex - Tél. : 05 96 60 88 41 ou 42 ;

- Mayotte - Bureau du recrutement, Immeuble Baobab, App.t 3J, 97600 Cavani
Tél. : 02 69 61 47 06 ;

- Nouvelle-Calédonie - 9 bis, rue de la République, BP C5, 98844 Nouméa cedex
Tél. : 27 24 99 / 27 08 87 ;

- Polynésie française - FAAA P.K. 5,5, côté Montagne, BP 115, 98713 Papeete
Tél. : 00 689 54 58 00 ;

- Réunion - Bureau du recrutement, 133, rue Jean-Chatel, BP 900, 97400 Saint-Denis
Tél. : 02 62 92 99 99 ;

- Saint-Pierre-et-Miquelon - PAF, 31, rue Abbé-Pierre-Gervain, BP 4205, 97500 Saint-Pierre-et-Miquelon - Tél. : 05 08 41 15 55 ;

- Wallis-et-Futuna. Les résidents de Wallis-et-Futuna peuvent s'adresser à la DTRF et au SATP de Nouvelle-Calédonie.

3| LE MANUEL DE PRÉPARATION À L'ORAL

***Concours police - gendarmerie - Tout pour l'oral*, Marc Dalens, Studyrama**

Cet ouvrage a pour objectif de vous préparer aux épreuves orales des concours et sélections de :

- la police nationale : adjoint de sécurité, gardien de la paix, officier et commissaire de la police municipale,
- la gendarmerie nationale : gendarme adjoint volontaire, sous-officier et officier de gendarmerie.

Indispensable pour une préparation efficace des épreuves d'admission, ce manuel vous propose :

- une présentation détaillée des différents métiers et de l'environnement professionnel,
- des conseils et une méthodologie destinés à préparer spécifiquement les épreuves orales face au jury,
- un entraînement pour apprendre à décrire son parcours, exprimer ses motivations, maîtriser l'exposé sur un sujet tiré au sort et répondre efficacement aux questions du jury, notamment les questions de mise en situation professionnelle.

En complément, des exercices corrigés vous permettent de vous entraîner pour gagner en assurance face au jury afin de faire la différence par rapport aux autres candidats.

4| LE MANUEL DE PRÉPARATION AUX TESTS D'APTITUDES, PSYCHOTECHNIQUES ET DE PERSONNALITÉ

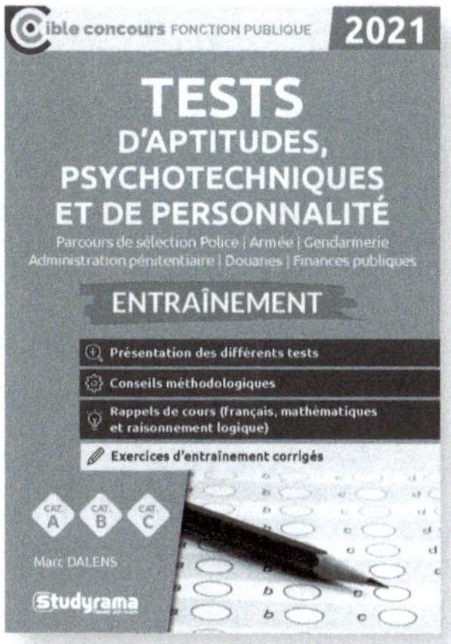

***Tests d'aptitudes, psychotechniques et de personnalité*, Marc Dalens, Studyrama**

Cet ouvrage s'adresse aux candidats préparant les concours de recrutement de la police, de la gendarmerie, de l'armée, de l'administration pénitentiaire, des douanes et des finances publiques. Ces concours sont de plus en plus nombreux à proposer une épreuve de tests de sélection, qui est souvent redoutée par la plupart des candidats.

Ce guide propose une présentation détaillée des différents types de tests d'aptitudes, psychotechniques et de personnalité (ou inventaires de personnalité) qui s'avèrent très variés et avec les exigences desquels vous devez être parfaitement familiarisé. Des rappels de cours et de nombreux exercices corrigés vous permettent de consolider vos connaissances en français, mathématiques et raisonnement logique, mais aussi de préparer efficacement l'épreuve afin de pouvoir l'affronter en toute sérénité.

Les tests de personnalité font l'objet d'une présentation détaillée et des conseils pratiques vous sont donnés afin d'appréhender le mieux possible ces tests.

Des exercices d'entraînement, de difficulté croissante et chronométrés, vous aideront à être fin prêt pour le jour J.

5| LES ANNALES CORRIGÉES DU CONCOURS DE GARDIEN DE LA PAIX

***Annales corrigées gardien de la paix*, Marc Dalens**

Cet ouvrage accompagne les candidats préparant le concours de gardien de la paix. Exigeant et sélectif, ce concours nécessite une préparation solide et efficace. Chacune des épreuves du concours (étude de texte, QCM de culture générale, de connaissances professionnelles, questions de français et de mathématiques, tests psychotechniques) est présentée de manière détaillée et accompagnée de conseils méthodologiques et d'exercices d'entraînement.

De nombreux sujets d'annales corrigés, notamment ceux de la session 2019, vous aident à vous entraîner efficacement et à vous familiariser avec les épreuves du concours.

6| DES SUJETS TYPES POUR LE CONCOURS DE GARDIEN DE LA PAIX

***Sujets-types inédits - Gardien de la paix*, Marc Dalens, Studyrama**

Cet ouvrage est destiné à tous les candidats au concours externe de gardien de la paix, accessible aux titulaires du baccalauréat (catégorie B), et au second concours interne et adjoints de sécurité. Il offre un entraînement intensif aux nouvelles épreuves écrites du concours.

Unique en son genre, ce livre tient compte de la dernière réforme de février 2019 et, notamment, de la nouvelle épreuve de cas pratiques. Il propose des sujets-types de concours totalement inédits accompagnés de corrigés détaillés pour vous préparer efficacement aux épreuves écrites de :

- cas pratiques,
- tests psychotechniques.

La nouvelle épreuve de cas pratiques et sa méthodologie sont présentées de manière très détaillée pour bien cerner les attentes du jury et obtenir une préparation optimale.

34/38, rue Camille-Pelletan - 92309 Levallois-Perret cedex
Imprimerie Evoluprint - 31151 Fenouillet Cedex
Imprimé en France - 4e trimestre 2020

Service éditorial : Charlotte Debroise, Benjamin Dias Pereira, Laureen Gatien, Deborah Lopez, Myriam Pasek
Conception graphique : Catherine Aubin

Dépôt légal à parution
ISBN 978-2-7590-4585-3